U0554060

语言文学跨学科研究丛书

吴志杰 主编

孙传玲 —— 著

神儒习合

——近世日本儒者 "自我"的确立

社会科学文献出版社

SOCIAL SCIENCES ACADEMIC PRESS (CHINA)

本专著为国家社科基金青年项目"日本近世初期神儒习合思想研究"（项目号：14CZX035）成果

本专著得到南京信息工程大学教育部高校国别与区域研究备案中心（新加坡研究中心）和语言文学跨学科研究院资助，特此鸣谢

语言文学跨学科研究丛书

主　编：吴志杰

编委会（按笔画顺序）：

王克非　冯庆华　许　钧

刘　康　杨金才　胡开宝

目　录

绪　论

　　"习合"是日本思想文化的一大特征。该词原为日语词"習合（しゅうごう）"，指本土宗教思想与外来宗教思想折中，再融合成一个思想系统的现象。有学者对此解释道："习合，是日本文化特有的概念，指异域的异质的文化形态与民族文化之间的交流、协作、会通和互动等关系。……习合不同于融合，更不同于混合或调和，它是异质文化的接触、交流及互动之后，一种文化受容另一种文化之后，改造了自身的文化形象和文化内容，但未改变固有的文化精神的文化关系，它是借助综合的文化力量来塑造民族的文化理念的一种价值追求。"[①] 在日本思想史（宗教史）上，最典型的习合现象便是日本古代的"神佛习合"。按日本学者末木文美士的观点，神佛习合才是日本宗教最"古层"形态。他指出，神佛习合并不单纯指佛教与神道这两种宗教的混杂或者混合，而是指日本的本土神祇信仰与佛教之间，或者个别的神与佛之间的关系。其具体可分为"神是烦恼众生的一员，需要佛来救济的神佛观""诸神要守护佛教的神佛观""在佛教影响下产生了御灵神的神佛观""本地垂迹的神佛观"四种类型。其中前两者开始于奈良时代（710—794），后两者在平安时代（794—1192）得到发展。至镰仓时代（1192—1333），随着佛教诸宗派在日本的逐渐扎根发芽及其与神道之间交流的深入，神道逐渐表现出其宗教自觉，出现了依据本地垂迹说的天台宗系的山王神道，以及以伊势为中心的伊势神道、两部神道等中世神道理论。[②] 这些神道理论尽管是神道自觉的表现，但也基本上是依附于佛教的"习合"神道理论。如此，从思想（或宗教）交流史来讲，日本古代及中世都呈现出不同形式的佛教与神道"习合"现象。

　　自奈良时代至室町时代的思想史的特征之一可以说是佛教与神道

----

① 范景武：《神道文化与思想研究》，内蒙古人民出版社，2002，第101页。
② 末木文美士『日本宗教史』岩波书店、2008、39—40页。

"习合"，而到德川时代，随着朱子学新儒学说逐渐占据优势，出现了神道与儒学（新儒学）"习合"的现象。① 儒学于 5 世纪初经由朝鲜传入日本，之后经过千余年的传播与发展，在德川时代（1603—1867）达到顶峰，成为构成日本思想的重要内容。12 世纪末期，宋学由日本的入宋僧及东渡的禅僧传入日本，"在禅儒一致构造下得以生存"。② 至 17 世纪德川幕府统治之时，得到鼎盛发展，尤其是以林罗山为代表的林家学派将朱子学发展成为当时幕府统治的官学，朱子学渐渐代替中世时期的佛教势力，成为当时意识形态的主流。1603 年，德川幕府替代室町幕府，日本社会进入江户时代，由中世向近世演化。在思想文化方面，随着宋学的逐渐兴起及西方基督教的传入，日本的宗教文化领域也出现了本土文化与外来思想进行重新组合的变化，其中最具代表性的就是神道与宋学的融合。

纵观日本思想史，日本的思想文化实际上是在日本固有的神祇信仰（神道）与外来思想的不断"习合"中形成的。学者卞崇道运用"融合与共生"的概念，主张日本文化走的是"共存—融合—共生"的道路。他指出："若以哲学思想为主线来看，可以说，明治时代以前为日本哲学思想酿生、展开与成熟时期；其后为现代日本哲学诞生、成长与结果的时期。前者以中国思想的导入为契机与介质，后者以西方哲学的移植为契机与介质。"③ 吴光辉针对日本文化或日本人的思维方式，通过近世神道的展开，勾勒出一个"受容—习合—独立"的文化结构，进而指出，这样的文化结构才是历史的真实反映。④ 笔者认为"习合"便是"共存—融合—共生"。不单以哲学思想，就整个日本思想史来看，"习合"是日本本土神祇信仰与外来宗教思想交融共生的呈现形式。"习合"一词蕴藏着深厚的思想史意义，研究"习合"思想，可以更好地从整体上理

---

① 在日本，狭义的"习合"，主要指日本宗教文化中神道与佛教之间的主从关系；广义的"习合"，也包括德川时代的神儒一致和神儒佛融合等现象。

② 陈景彦、王玉强：《江户时代日本对中国儒学的吸收与改造》，社会科学文献出版社，2014，第 17 页。

③ 卞崇道：《融合与共生——东亚视域中的日本哲学》，人民出版社，2008，第 1 页。

④ 吴光辉：《日本神道理论依据的文化论思考——以近世神道的展开为线索》，吴光辉编《哲学视域下的东亚——现代日本哲学思想研究》，厦门大学出版社，2018，第 287—296 页。

解日本的思想文化。

本书以"习合"为切入点，具体探讨日本近世初期的神儒习合思想，并试图以此为中国的日本思想研究提供一种新的视角。

一　儒学在日本的传播

在日本思想史研究中，儒学是难以绕过的一个课题。中国儒学于5世纪初传入日本。据《日本书纪》记载，应神天皇十六年即405年，应神天皇邀请百济鸿儒王仁到日本，为皇太子讲学，王仁授之《论语》十卷、《千字文》一卷，此为儒学东传日本的真正开始。之后的大约二百年间，儒学在日本的传播主要以百济为中介，传播的范围也主要集中在皇室及大臣子弟。

7世纪初，圣德天子推行制度革新，根据儒家的五常纲目"仁义礼智信"制定了"官位十二阶"，并根据《论语》《孟子》《礼记》等中的儒家思想制定了日本最早的律令《宪法十七条》。这为后来的大化改新（645年）建立中央集权制国家奠定了基础。儒学思想逐渐被应用到治国之策中，成为日本治国治民的利器。随着大化改新的推行，儒学在日本得以传播普及，并逐渐扎根，与佛教、神道一起影响着日本社会的方方面面。

自大化改新后直至12世纪后期，日本一直将儒学作为培养官僚的御用学问，还设有传播、教授儒学的专门机构，如京城的大学寮、地方的国学，以及其他的大学寮别曹、私学等。但由于日本并没有采取科举制度，这时的儒学仅作为上层阶级的学问修养而存在，对于儒学的学习研究也大都停留在照搬中国儒学的层面，并没有自身的创新与发展。

从12世纪末开始，随着中日禅僧之间交流的盛行，宋学由日本的入宋僧及东渡日本的中国禅僧传入日本。但"这些禅僧更多的是把朱子学相关的新注书引入日本，因而并不能简单地把这些禅僧作为纯粹的朱子学研究者看待，更不能据此乐观地说明朱子学在日本的存在和发展情况"。① 这时，宋学的一些论说及立场虽然被介绍到日本，但只是禅宗的

①　陈景彦、王玉强：《江户时代日本对中国儒学的吸收与改造》，第9页。

附属，作为"一种不可被回避的他者"而存在。①

直至 17 世纪，随着德川幕藩体制的确立，儒学（宋学）逐渐摆脱镰仓时代以来依附于禅宗的状况，在日本得到广泛传播，并成为一门独立的学问体系。至此，儒学经过千余年的传播，终于在德川时代获得了空前的发展，进入鼎盛时期，出现了朱子学派、阳明学派、古学派等不同的派别。各派在继承中国儒学思想的基础上，结合日本的本土思想文化实际情况，作出了相应的本土化阐释。

藤原惺窝（1561—1619）被称为日本近世儒学的始祖，也是日本朱子学派的创始人。他继承朱熹的"理一分殊"观，并以此解释幕府统治的合理性。他的弟子林罗山（1583—1657）被德川家康雇用为幕府的御用学者，分别为德川秀忠、德川家光讲授朱子学内容，同时参与了许多幕府政策的制定、文书的起草等，为儒学的官学化发展作出了极大贡献。在思想上，林罗山在推崇朱子学的同时，将佛教、基督教视为异端极力加以抨击。但对于日本固有的神道，他指出其与儒道之间并无差别，说"王道一变至于神道，神道一变至于道。道，吾所谓儒道也，非所谓外道。外道也者，佛道也"，② 主张神儒合一。作为幕府的御用学者，林罗山试图从儒学与神道中为德川政权找出其合理性及统治的原理。因此，他特别强调理学中的"名分论"，强调君臣、父子、夫妻的"上下贵贱之义"，主张用"五伦"道德作为规范，维系社会伦理体系。随着德川幕藩体制的确立与完善，日本社会进入了相对稳定发展的时期。加之幕府对儒学的重视，儒学思想渐渐在武士阶层得到广泛传播。各地纷纷建立藩校，③ 将朱子学视为正统教学内容，朱子学的官学地位逐渐得以确立。朱子学内部也出现了不同的学说主张，如山崎暗斋（1618—1682）、贝原益轩（1630—1714）、室鸠巢（1658—1734）等分别从不同的视角对朱子学展开了论述。

与朱子学比肩的还有阳明学派及古学派。日本阳明学派继承中国阳明学派"致良知""知行合一"的观点，强调实践的重要性。中江藤树（1608—1648）是日本阳明学的创始人。他以阳明学的哲学思想为基础，

---

① 陈景彦、王玉强：《江户时代日本对中国儒学的吸收与改造》，第 12 页。
② 京都史蹟会编纂『林羅山文集』ぺりかん社、1979、804 頁。
③ 除林家的私塾外，还有名古屋的学问所、冈山的藩校、米泽的兴让馆等。

提出了著名的时处位论，主张根据时、处、位进行变通。另外，具有代表性的阳明学派儒者还有熊泽蕃山（1619—1691），以及近世后期的佐藤一斋（1772—1859）、大盐平八郎（1793—1837）等。古学派的代表人物有山鹿素行（1622—1685）、伊藤仁斋（1627—1705）、荻生徂徕（1666—1728）。他们认为朱子学、阳明学等并非儒学正统，汉唐的训诂学及宋学的四书解释都违背了孔子的原意，主张回归到孔子的经典中重新探寻儒学的真谛。

如此，儒学在日本近世（德川时期）达到了发展的高峰。不仅如此，在近世儒学家的推动下，儒学与神道等日本固有文化思想相结合，成为"日本的"儒学思想，并为幕府统治提供理论依据，成为幕府统治的思想工具。尽管到德川后期，随着国学思想的抬头及"洋学""兰学"等西方学术思想的传入，儒学逐渐失去官方意识形态地位，但其已经渗透至日本社会的各个方面，如儒学忠君尊王、大义名分论等仍是支撑幕末尊王攘夷运动的重要意识形态，也是明治维新的原动力之一。

二　日本近世初期儒学思想研究现状

关于日本近世儒学的研究，国内外学界已经取得了丰富精彩的研究成果。

国内方面。20 世纪 50 年代以后，中国学者开始关注日本儒学史。朱谦之的《日本的朱子学》（三联书店，1958）、《日本的古学及阳明学》（上海人民出版社，1962）、《日本哲学史》（三联书店，1964）等关于日本思想的一系列研究，概括了日本思想发展的历程。朱谦之根据历史哲学的观点，将日本思想的发展分为"神学阶段""形而上学阶段""科学阶段"三个阶段。他还特别重视中日思想的比较研究，尤其注重探讨中国哲学思想对日本的影响。王守华与卞崇道合著的《日本哲学史教程》（山东大学出版社，1989），在朱谦之研究成果的基础上，对日本哲学思想的总体特征等作了论述。上述研究将历史学与哲学研究相结合，从历史哲学的角度出发，综述了日本哲学思想的特征，为中国的日本思想研究奠定了基础。

20 世纪 90 年代以后，以王家骅为首的学者在前人研究的基础上，注重对儒学的社会功用分析，以实证材料证明并系统论述日本儒学的发

展过程及形态，儒学对日本文学、史学及日本社会的影响等问题。尤其是王家骅的《儒家思想与日本的现代化》（浙江人民出版社，1995），通过对日本儒家思想的研究，具体探索了日本现代化成功的原因。他把儒学思想看成一个不断发展的思想过程，并将其置于具体的历史背景下进行考察与论述。另外，韩东育的《日本近世新法家研究》（中华书局，2003）强调徂徕经世学派完成了日本近世史上"脱儒入法"的全过程，为中国的日本哲学思想研究提供了一个新的思路。他认为，徂徕学派"脱儒入法"的"新法家"理论奠定了日本由近世迈入近代的东方式思想基础。他的研究是日本丸山真男学派在中国的延伸。

近些年，以黄俊杰为代表的儒学研究者从诠释学的角度具体探讨日本儒学。黄俊杰的《日本儒学与经典诠释》一文（《东亚儒学史的新视野》，华东师范大学出版社，2008）在东亚儒学史这一研究视野下，分析了日本江户时代儒学家伊藤仁斋、中井履轩、山田方谷对孟子学的诠释。

日本方面。日本的近世儒学研究主要有近世儒学与日本近代化、近世儒学与传统伦理观、近世儒学与外来思想接受和传播三个方面。

首先，在日本近世儒学（此处主要指朱子学）与日本近代化研究方面，代表性研究为丸山真男的《日本政治思想史研究》（中文版：王中江译，三联书店，2000）。在该书中，丸山真男从日本近世朱子学的发展及解体过程中思维方式的变化来把握日本近代化思想的形成。丸山认为，以林罗山为代表的朱子学世界观，通过山鹿素行、伊藤仁斋、贝原益轩等思想家之阐发，渐渐地出现了内在性的瓦解，直至以获生徂徕为代表的徂徕学出现，其彻底瓦解。徂徕所主张的圣人"作为秩序"论彻底从朱子学中的"自然秩序"论中脱离出来，而这种"作为秩序"正是近代化意识的萌芽。近世思想史中由朱子学到徂徕学再到国学的发展过程，便是日本逐渐摆脱朱子学的束缚，步入近代化意识殿堂的过程。丸山的这一理论一直占据战后以来的日本思想史学界，一直到80年代以赫尔曼·奥姆斯为代表的意识形态论出现（『徳川イデオロギー』ぺりかん社、1997）。奥姆斯在继承与批判丸山研究的基础上，援用了巴尔特、福柯、哈贝马斯等的理论，以意识形态研究为方法，认为德川意识形态并非只有朱子学，而是由朱子学、阳明学、佛教思想、神道思想、心学等多种

思想构成的意识形态的总和，并主张从这种纷杂的意识形态中探寻日本近代化意识的发展。

其次，在日本近世儒学与传统伦理观方面，相良亨以日本的传统伦理观为视角，认为近世儒学的发展经历了从以朱子学的"敬"为中心的儒学到以仁斋学的"诚"为中心的儒学的过程（『近世日本における儒教運動の系譜』理想社、1975）。相良亨指出，以"敬"为中心的儒学，在人伦关系上强调的是自他之间的差别性，这与武士社会的"自敬矜持精神"相关联；而以"诚"为中心的儒学强调的是自他之间的统一性，与其相关联的是相对于武士精神的町人文化。相对于丸山真男从时间前后关系论述近世儒学与日本的近代化进程，相良亨强调的是近世儒学作为传统思想的社会功用。他从比较思想论的观点出发，分析论述了作为外来思想的朱子学与作为日本思想的古学的不同。

最后，在日本近世儒学思想与外来思想接受和传播方面，具有代表性的研究有尾藤正英的『日本封建思想史研究』（青木書店、1961）、高岛元洋的『日本朱子学と垂加神道・山崎闇斎』（ぺりかん社、1992）、渡边浩的『近世日本社会と宋学』（増補版、東京大学出版会、2010）等。这些研究都是在继承津田左右吉、吉川幸次郎等前辈研究的基础上，将日本儒学的发展史视为作为外来思想的儒学在日本这一特定文化背景下的接受、吸收与本土化过程，注重探讨接受、吸收后的日本儒学与作为外来思想的中国儒学之间的异质性。

综上所述，关于日本儒学史特别是日本近世儒学的研究，国内外学界已经取得了丰富精彩的成果。但这些先行研究尚存在一些不足之处。例如，国内的研究方面，主要侧重中国儒学思想对日本的影响，是站在施予者的角度上进行的，而忽略了日本作为一个主体者，在接受与吸收外来思想的过程中如何进行"过滤取舍"并"化为己有"这一方面。国外研究方面，主要以儒学与近代化及中日儒学的异质性为讨论的焦点，而对于儒学在本土化进程中如何消除其与既有文化之间的冲突等具体问题的研究还相对欠缺。

鉴于此，本书从"习合"的角度出发，以日本近世初期神儒习合思想为例，具体探讨日本是如何实现外来思想——儒学与日本固有神祇信仰——神道的"共存—融合—共生"的。

第一章　林罗山的朱子学与神儒一致论

林罗山师从日本朱子学始祖藤原惺窝。在儒学与神道的关系上，他主张神儒一致，认为神道即为王道，王道即是儒道，神道应以儒学中的"理"为基础。他以朱子学的理学思想为框架建构了"理当心地神道"的神道理论体系。林罗山的神儒习合论为日本儒学与神道向伦理化发展起到了导向作用。

第一节　林罗山的生平与思想历程

林罗山名忠，又名信胜，字子信，号罗山，又号三郎，剃发后法号道春，故世人又常称林道春。林罗山是日本近世初期著名的儒学家，被称为日本朱子学派的代表人物、幕府儒官林家始祖，在日本思想史上占有举足轻重的地位。

林罗山 1583 年出生于京都四条新町之町家，生父林信时。但出生不久后便过继给其伯父林吉胜（号理斋）为养子。据《先哲丛谈》记载，罗山幼时博闻强识，读书可一目数行。八岁时，有一位姓德本的甲斐人来京都多次拜访其父，并为之读《太平记》，罗山在旁边听得入迷，且听过后便可丝毫无差地背诵。[①]

林吉胜崇信佛教，一直希望林罗山进入佛门。于是罗山于 1595 年十三岁时进入京都名刹建仁寺学习佛学。"时宿僧有才学者，亦皆屈而问学。"[②] 建仁寺众僧皆赏识其才，劝其剃发出家。但罗山拒绝，声称"余何入释氏，弃父母之恩哉！且无后者不孝之大也，必不为之"。[③] 遂离寺归家。罗山弃佛归家后，入明经博士清原秀贤（1575—1614）门下，学

---

① 塚本哲三编『先哲叢談』有朋堂書店、1920、5 頁。
② 塚本哲三编『先哲叢談』、5 頁。
③ 林鵞峰编『羅山集附録年譜』（上），第 3—4 頁，转引自朱谦之《日本的朱子学》，人民出版社，2000，第 184 頁。

习清家学及吉田神道，渐渐接触宋学。1600 年十八岁时，始读朱子的《四书集注》，对朱子之学心生向往，并于此年在京都开设书塾讲授朱子之书。

1604 年，出于学术及政治的双重目的，林罗山在吉田玄之（1571—1632）的介绍下进入藤原惺窝门下学习。此后受藤原惺窝影响，林罗山继承并发扬了朱子学的思辨性本质，在学术思想上发生了较大转变，随后成为惺窝门下最知名的高徒之一。1605 年，经藤原惺窝举荐，罗山在京都二条城拜见了德川家康，并得到德川家康的赏识。1607 年，受德川家康之命，罗山来到骏府，成为其亲信。但由于当时较之儒学，家康更加重视佛教，所以罗山的地位尚在僧侣天海、崇传之下。另外，由于德川家康尚未正式任用过儒学者，故命令罗山削发为僧，法号道春。虽然这与他排佛论者的身份相矛盾，对幕府来讲却是一个理所当然的事情。于是，面对现实的压力，林罗山不得不听从主君之命。这也成为他后来备受其他儒学家攻击的原因。

自此之后，林罗山连续奉侍德川四代将军（家康、秀忠、家光、家纲），担任德川家的侍讲之职，为其讲授《论语》《三略》《贞观政要》等儒家经典，同时，作为御用学者，在幕府的法律文书起草、国史编纂、寺社行政及外交文书的解读和制定等方面，都发挥了重要作用。"国家创业之际，委以宠任，起朝仪定律令。大府（幕府——引者注）所须文书，无不经其手者。"[1]

林罗山除在幕府内的一系列活动外，还积极培养门人，致力于朱子学的传播与普及。1632 年，林罗山在德川家康第九子德川义直的土地和资金支持下，在上野忍冈建成了先圣堂（昌平坂学问所的前身），开始广泛讲授和传播朱子学。

1657 年，林罗山病逝于其上野别居中，结束了他 75 年的"读书生涯"。

林罗山一生笔耕不辍，著述百余部，其中很多著述被焚于 1657 年的"明历大火"中，以致失传。目前流传较广的是《林罗山文集》75 卷及《林罗山诗集》75 卷。除自身的著述外，他在整理校订、训点、句读、注释、翻译等方面都取得了较大的成果，其涉猎亦可谓广阔，在政治、

---

[1]　塚本哲三编『先哲丛谈』、16 页。

思想、文学语言、宗教等众多领域都作出了为世人瞩目的贡献。①

　　纵观林罗山的学术生涯，他一生推崇程朱之学，反对佛老之说、陆王之学。他抨击佛老二说之处主要在人伦道德方面。他说："读圣贤书，信而不疑。道果在兹，岂人伦外哉。释氏既绝仁种，又灭义理，是所以为异端也。"② 对于陆王之学，他批评其为"儒中之禅"，其中对陆九渊批评道："陆氏之于朱子，如薰莸冰炭之相反，岂同器乎？同炉乎？"③认为陆九渊讲顿悟与禅并无区别。又批评王阳明道："阳明出而后皇明之学大乱矣。"④

　　林罗山不只排斥佛老陆王，对基督教也进行了抨击。据《林罗山文集》中《排耶论》记载，罗山曾于庆长十一年（1606）在松永尺五的父亲颂游的介绍下，与弟子信澄一起拜访了《妙贞问答》的著者不干斋巴鼻庵（ハビアン），并与之进行了一番争论。针对巴鼻庵的地球说，林罗山主张天圆地方说，并抨击造物主的概念，指出先行于现实世界的并不是"天主"，而是"理"。巴鼻庵提出："儒者所谓太极不及天主。天主非卿曹若年所知。我能知太极。"信澄反对道："汝狂谩也！太极非汝所能知！"以此结束了争论。这次争论中，林罗山站在朱子学的立场，从理本论出发对作为基督教最高存在的"天主"进行了否定。

　　林罗山对朱子学以外的其他诸派学说均排斥否定。但对于日本固有的神道信仰，他在继承和发展朱子学思想的同时，将朱子学思想与神道相结合，主张"神道即王道"的神儒一致说。

第二节　林罗山的朱子学

　　林罗山与其师藤原惺窝同是日本最初真正信奉朱子学之人，也是近世日本朱子学体系的确立者。然而，朱子学是在中国宋代社会这一特定的环境下产生的，移植到时空都发生了变化的日本近世社会，可以说不可能完全不变地适用于新的社会环境。那么移植到日本后，虽然出现了许多朱

---

① 朱谦之：《日本的朱子学》，第196—197页。
② 京都史蹟会编纂『林羅山文集』、464页。
③ 京都史蹟会编纂『林羅山文集』、13页。
④ 京都史蹟会编纂『林羅山文集』、347页。

子学的信奉者，但毫无疑问，这种信奉应该说是在新的社会背景下的信奉，或者说是经过思想家理解诠释后的信奉。

总体而言，林罗山确实是一位朱子学者，他在著作中也数次提及自己是朱子学的信奉者，强调自己的朱子学道学正统立场。林罗山的朱子学思想表达，与大多数朱子学者一样，是通过对"理""气""太极""阴阳""心""性""体""用""敬"等核心概念的阐释展开的。但他对朱子学并非完全无条件地接受。正如日本学者衣笠安喜指出的那样，他对构成朱子学体系的两大重要内容都提出过疑问，一是理气论，一是心性论中恶之根源问题。① 可见，林罗山对朱子学的理解是有所取舍的，体现了其作为思想家的哲学自觉性。

一 理气论

在朱子学思想中，理气论＝宇宙论是理论体系的核心，如何理解该部分也就成为理解朱子学整体思想的一个核心问题。那么，林罗山又是如何理解时空转变后的朱子学的"理""气"及其相互关系的呢？

众所周知，朱子主要通过探究"理""气"及两者之间的相互关系，建构起了以"理"为核心的思想体系。概言之，朱子认为："天道流行，发育万物，其所以为造化者，阴阳五行而已。而所谓阴阳五行者，又必有是理而后有是气。及其生物，则又必因是气之聚而后有是形。"② "天地之间，有理有气。理也者，形而上之道也，生物之本也。气也者，形而下之器也，生物之具也。是以人物之生，必禀此理，然后有性。必禀此气，然后有形。其性其形，虽不外乎一身，然其道器之间，分际甚明，不可乱也。"③ 朱子将"理"视作天下之物的"所以然之故与其所当然之则"，是万事万物产生、存在的根本。"理"具有普遍性，是本体，是形而上的存在。"气"是形而下之器，形而上的"理"必须依附于形而下的"气"才能落在实处。尽管天地万物都是"理"与"气"结合而成，

---

① 衣笠安喜『近世儒学思想史の研究』法政大学出版局、1976、45 页。
② 朱熹：《大学或问》，朱杰人、严佐之、刘永翔主编《朱子全书》第 6 册，上海古籍出版社、安徽教育出版社，2002，第 507 页。
③ 朱熹：《答黄道夫》，《晦庵先生朱文公文集》卷五十八，朱杰人、严佐之、刘永翔主编《朱子全书》第 23 册，第 2755 页。

但“理”决定事物的性质，而“气”赋予事物以形体，“理”与“气”之间有着明显的差别，不可混同。“或问‘理在先，气在后’。曰：‘但推上去时，却如理在先，气在后相似’。”① 就“理”“气”关系，朱子主张“理”先“气”后说。人与物之中有“理”亦有“气”，就物上看似乎是“理”“气”一体不可分、并无先后，但若推及根本而言则是“理”在“气”先。

就朱子学体系中的“理”，林罗山说：

> 理之所主谓之帝也，理之所出谓之天也，理之所生谓之性也，理之所聚谓之心也。心也者，形之君而人之神明也。性也者，心之所具之理。而天也者，又理之所从以出者。而帝也者，乃是理之主宰者也。帝也，天也，性也，心也，通古今亘万世而一也。天人亦一也，理一也。②

除了“帝”以外，“理”“天”“性”“心”等皆是朱子学中的常用概念。这里林罗山对“理”“天”“性”“心”的理解以及对“天人合一”“天下唯一理”的认识，与朱子几乎无异。

另外，在“太极即理”“理主动静”“阴阳五行”等方面，林罗山也基本继承了朱子的观点。他说：

> 夫天地未判之前，开辟之后，有其常理，名之太极。此太极动而生阳，静而生阴。此阴阳原为一气，分而为二也。又分而为五行。五行者，木火土金水也。③

林罗山继承了朱子的理本论思想。但正如前所述，在理解“理”“气”关系的问题上，罗山对朱子主张“理”先“气”后的理气二元论提出了怀疑。对此目前学界基本上有两种观点。一是以井上哲次郎为代

---

① 黎靖德编，王星贤点校《朱子语类》，中华书局，1986，第3页。
② 京都史蹟会编纂『林羅山文集』、266頁。
③ 石田一良·金谷治校注『日本思想史大系　28　藤原惺窩·林羅山』岩波書店、1975、161頁。

表的学者，他们认为林罗山的理气论具有阳明思想中理气一元论的倾向。[1] 另一种观点是日本历史学家石田一良的解释。他将林罗山的理气观视作其思想历程中一个动态发展的过程，认为其经历了先调和朱王之说，后归于朱子的理气论的变化过程。[2] 但无论持哪种观点，林罗山的理气论在其接受过程中出现了与朱子不同的认识，这一点是无法否认的。

关于对朱子观点的怀疑，在给朋友吉田玄之的信中，林罗山坦言：

> 太极，理也。阴阳，气也。太极之中本有阴阳，阴阳之中未尝不有太极。五常，理也。五行，气也。亦然。是以或有理气不可分之论，胜（林罗山——引者注）虽知其戾朱子之意，而或强言之。[3]

这里，林罗山阐明了自己的理气关系认识。他虽知道"理气不可分"论有悖于朱子之论，但还是明确表示相信此说。

关于理气关系，林罗山在《随笔》中还写道：

> 理气一而二，二而一，是宋儒之意也。然阳明子曰：理者气之条理，气者理之运用。由之思焉，则彼有支离之弊。由后学起，则右之二语不可舍此而取彼也，要之归乎一而已矣，惟心之谓乎。[4]

林罗山认为，宋儒所谓"理气一而二，二而一"的理气二元论有"支离之弊"，王阳明强调"理者气之条理，气者理之运用"的理气一元论更确切。可以看出他对王阳明理气一元论的倾心。然而并不能就此断言罗山放弃了朱子的理气二元论，转而支持阳明的理气一元论。其实，对于阳明的理气一元论，他也提出了批评。他曾在给朝鲜使者的信中对朝鲜朱子学泰斗李退溪（1501—1570）的理气之辨予以赞扬：

---

[1] 具体参考井上哲次郎『日本朱子学派の哲学』、永田広志『日本哲学思想史』（法政大学出版局、1967）、衣笠安喜『近世儒学思想史の研究』等。
[2] 具体参见石田一良・金谷治校注『日本思想史大系 28 藤原惺窩・林羅山』中石田一良的解释。
[3] 京都史蹟会編纂『林羅山文集』、18 頁。
[4] 京都史蹟会編纂『林羅山文集』、844 頁。

退溪辨尤可嘉也。我曾见其答，未见其问。是以思之，其分理气则曰"太极理也，阴阳气也"，而不能合一，则其弊至于支离欤？合理气则曰"理者气之条理，气者理之运用"，而不择善恶，则其弊至于莽欤？方寸之心，所当明辨也。①

在此，林罗山指出了理气二元论的"支离"之弊，也指出了理气一元论不择善恶、不分理欲的鲁莽放荡之弊。由此可见林罗山在理气关系诠释问题上的困惑与彷徨。当然，这也是他作为江户初期的思想家在接受外来思想并对其进行本土化建构过程中所必然要面对的问题与纠结。

纵观林罗山的一生，不只是在理气关系的论述上，在其他本体论的论述上也有诸多自我矛盾或叙述不明之处。诚如其他学者所言："林罗山在阐释朱子哲学时，有着明显的选择接受后世诸儒的某些观点并试图进行理论重组的运动轨迹，这可视为林罗山哲学自觉的表现。"②林罗山的理气论既不同于朱子的理气二元论，也不同于王阳明的理气一元论，更不是单纯的朱子与王阳明的折中，而是他在日本当时社会背景下所作出的理解与诠释。

二　心性论

以理气论为基础的心性论是朱子学的又一重要内容。在朱子学体系中，"理"是宇宙本体论的最高范畴，天下唯一之"理"与清浊有别之"气"相结合便造就了世界万物，自然人也不例外。"理"一而分殊于万物，"理"体现在人身体之上则是"性"，而"心"是"理"与"气"共同作用的产物，故"心统性情"。林罗山对朱子学的心性论也作出了其在"江户日本"这一语境下的继承与探索。

1. "性"论

朱子继承了二程"性即理"的观点。他说："性，即理也。天以阴阳五行化生万物，气以成形，而理亦赋焉，犹命令也。于是人物之生，因各得其所赋之理，以为健顺五常之德，所谓性也。"③ 在朱子学体系

---

① 京都史蹟会编纂『林羅山文集』、158 页。
② 王玉强、陈景彦：《江户时期日本朱子学者的哲学自觉》，《学习与探索》2012 年第 6 期。
③ 朱熹：《中庸章句集注》，朱杰人、严佐之、刘永翔主编《朱子全书》第 6 册，第 32 页。

中，性论是以理气论为基础的。在朱子看来，"性"即是"理"，在天地间言"理"，而此"理"体现在人与万物身上便是"性"，此"性"是人与物得以为生的依据。而且，此"性"在人身上又会以"仁、义、理、智、信"的形式体现出来。

林罗山基本上继承了朱子"性即理"的观点，他明确论述道："性即理也。在天地亦同此理也，在人亦同，在禽兽亦同，在草木亦同，在万物亦同，性无二故也。"在此，林罗山主张"性即理"，这一点在天地、人、禽兽、草木、万物处皆通。天下既然只有一个"理"，则亦无二"性"。

"性"即"理"，那么"性"与"气"的关系自然和"理"与"气"的关系相同。而形而上的"性"若要落到实处，则需要与形而下的"气"相结合。对此，朱子说，"性只是理，然无那天气地质，则此理无安顿处"，①"气不可谓之性命，但性命因此而立耳"。②就这样，理气贯通于天人，性气合一，使人与物有性有形，构成一个完整的生命体。

然而，既是"性即理"，那天地万物之间所呈现出的纷繁复杂之多样性又是为何呢？对此，朱子还是从"气"入手进行了解释：

> 人物之生，同得天地之理以为性，同得天地之气以为形；若其不同者，独人于其间得形气之正，而能有以全其性，为少异耳。虽曰少异，然人物之所以分实于此。③

人与万物都得天地之理，禀天地之气，然而理虽相同，所禀受之气却有差别，故有人与物、物与物之分。而其中，人得到了"形气之正"，故人优于飞禽走兽。另外，人与人之间的差别也是由其所禀受之气的清浊而产生的。其中禀清气者便是圣贤，禀浊气者则是愚钝未开之人。因此愚钝之人应该通过修养工夫达到圣贤之境地。

以上便是朱子学中"性"与"理""气"的关系。林罗山基本继承了朱子的观点。他说："朱子以为'知觉运动气也，仁义礼智理也'，

---

① 黎靖德编，王星贤点校《朱子语类》，第66页。
② 朱杰人、严佐之、刘永翔主编《朱子全书》第23册，第2688页。
③ 黎靖德编，王星贤点校《朱子语类》，第73页。

'气者人与物相同，而理者物不得而全也'，然则斥其明通与昏塞而言乎？不然，则天地人物理岂有二乎？性岂有异乎？"① 这里，林罗山引用朱子的论述"知觉运动为气，仁义礼智为理"及"气者人与物相同，而理者物不得而全也"，指出人与物虽同得天地之理以成性，得天地之气以成形，却有人之性与物之性的差异。但这并不是说天下有不同的理或性，而是由于所禀受之气的清与浊、明通与昏塞之别，理、气结合成物之后理不能完全体现出来。林罗山的这一观点可以说与上述朱子的观点基本无异。当然，"这里朱子和罗山所说的理、性和气应该认为都是就其发用而言的，所以才有了性不同而气无异的说法"。②

　　在"性"的问题上，林罗山虽然继承了"性即理"的观点，但在关于性之善恶的问题上却表现出了诸多疑问。既然性即理，那么性应该是纯然至善的，又为何人性中会有善恶之分呢？为了解决这一问题，朱子继承了张载及二程将"性"区分为"天命之性"与"气质之性"的说法。他认为，从人物之生来讲，"理"构成人物之性，谓之"天命之性"；气与理结合构成形体后，理气相杂的叫作"气质之性"。因此他说，"论天地之性则专指理言，论气质之性则以理与气杂而言之"，③ "人具此形体，便是气质之性，才说性，此'性'字是杂气质与本来性说，便已不是性"。④ 也就是说，所谓"性即理"是就理与气结合之前而言，这时的"性"是本然之性、天地之性，是理；而当理与气结合成人之后，性已经是理与气的混杂之物，不再是纯然至善之"理"的本体与全部。"天命之性"相当于理，是形而上的。因此它必须借助"气质之性"才能找到一个安顿之处。朱子认为理是至高完美的，因此，等同于理的天命之性亦是至善完美的。而由于气的清浊昏明不同，所以"气质之性"会有善恶之别。如此，可以说朱子主张的是"本原之性无有不善"的性善论。

　　对此，林罗山提出了自己的疑问与困惑：

---

① 朱杰人、严佐之、刘永翔主编《朱子全书》第 6 册，第 345 页。
② 胡勇：《朱子学新生面的开显——林罗山理学思想研究》，山东大学出版社，2016，第 57 页。
③ 朱杰人、严佐之、刘永翔主编《朱子全书》第 23 册，第 2688 页。
④ 黎靖德编，王星贤点校《朱子语类》，第 2431 页。

性即理也。天下无性外之物，理无不善，故孟子称：性善是也。然则所谓恶则性外乎？性内乎？曰性外，则性外无物；曰性内，则性本无恶。恶之所自出之本原，果其何处乎？是先儒之所未言也，岂易言哉。①

林罗山首先确认了朱子性善论的观点，进而提出疑问：既然性本善，那么恶之本原到底来自何处？如果说恶出自性外，那么就与"性外无物"相矛盾；如果说恶出自性之内，则又违背了"性本无恶"之说。这里，罗山从"性"之内外探寻"恶"的出处。

同样，对于"恶"之出处的问题，他认为从"理"上来讲也无法理解：

天地万物自理出，然则恶亦从理中出来乎？理者，善而已矣。曷尝有恶来？然则恶之所出，果何哉？我心既知所谓恶，是何心哉？于是性善诚可见也。然非大贤者，即不能共语此。②

罗山指出，既然天地万物都出自理，那么难道恶也是从理中出来的吗？然而毫无疑问理是至善完美的，又怎么会产生恶？那么恶到底出自何处呢？这是罗山始终纠结的问题。

如前所述，朱子从"气"入手，将"气"区分为"天命之性"与"气质之性"，认为"天命之性"始终是至善至美的，但"气质之性"由于夹杂"理""气"，"气"又有清浊昏明的差异，所以恶出自"气质之性"，是善还是恶，与"气质之性"所禀受的"气"之清浊昏明有关，从而解决了人性中恶存在的原因。然而，林罗山始终没有如朱子般将"气质之性"的概念导入。

林罗山对恶之本原的怀疑，可以说与他对理气二元论的怀疑是一脉相承的。对此，胡勇认为，林罗山在性之善恶问题上的诸多疑问均源于

①　京都史蹟会編纂『林羅山文集』、834 頁。
②　京都史蹟会編纂『林羅山文集』、841 頁。

他心里对于现实中的"恶"之出处的质疑，这一质疑直接影响了他对朱子理气论的接受，甚至可以说是他抛弃理气二元论的一个重要原因。[1]但笔者认为，恰恰相反，应该说是他对理气二元论的怀疑导致了他始终无法解决"恶"之出处问题。如若他接受二元论，则完全可以导入"气质之性"的概念来解决这一问题。恰恰是他倾向于理本论的一元论，使得他无法理解气有清浊差别的说法，从而也就无法导入"气质之性"来说明人性中恶的存在。这一点可从罗山下面的论述中窥见一斑。他说："童子出自互乡来问曰：四端出于理，七情出于气，然喜怒发中节者何？不出于理乎？非礼之礼。非义之义何？不出于气乎？果是理本善，而气本有清浊乎？'天下无理外之物'是先儒之格言也。清与浊果是理内欤？理外欤？又曰：心统性情，原是一心也。若是四端发自理，七情发自气，还是二心也欤？请闻理气之辩。近代儒者云：理者气之条理也，气者理之运用也。果是可乎？不可乎？"[2]

儒家哲学中，"四端""七情"分别代表道德情感与自然情感。孟子继承孔子的道德情感学说，提出了"四端说"作为性善论的核心观念。朱子正式讨论了"四端"与"七情"的关系问题。朱子在四十岁时形成了"中和新说"，确立了"心统性情"的心性论观点。其中，"性"与"情"相对，分别属于形而上之"理"与形而下之"气"，而"四端"和"七情"都被纳入"情"的范畴。然而朱子语录中又提及"四端理发，七情气发"。在此，林罗山从"四端出于理，七情出于气"出发，假借童子之口提出了他的一系列疑问。四端出于理，七情出于气，那么喜怒发而中节者是什么？由此推及而问则果真是理本善而气有清浊吗？既然天下无理外之物，那么即便是气有清浊之分，这清与浊是理之内还是理之外呢？罗山的这一系列疑问可以说都是因为他放弃了朱子的理气二元论而偏向了一元论，所以无法导入朱子"理/气""性/情""体/用"二元架构下的"天命之性/气质之性"以及源于"气质之性"清浊有别的"善/恶"发端。

2. "心统性情"

"心统性情"是朱子心性论的重要内容。朱子在提出了"性即理"

---

① 胡勇：《朱子学新生面的开显——林罗山理学思想研究》，第63页。
② 京都史蹟会编纂『林羅山文集』、380页。

"心具众理而应万物"等命题后，又将心有动/静、未发/已发等概念导入，发展性地继承了张载的"心统性情说"。牟宗三指出，朱子在苦参中和问题后最终确立了他的"中和新说"，并建立了理气二分、心性情三分的义理间架。[①] 根据"中和新说"的思路，朱子认为，就心的存在状态而言，有体/用、寂/感、未发/已发的区别，就心上工夫而言，又有动/静之别。"未发之中"为"性"，"已发之和"为"情"，而"心统性情"。这里的"统"为"统摄"之意。就"心"管摄"性"而言，形而上之"性"是不可见的，必须由形而下之"心"的"知觉"作用才能显现。就"心"之管摄"情"而言，"心"是气之精爽，其本身有"知觉"作用，而"情"只是心"感于物"后而自然流露之"气动"，可恶可善，故"情"之中节与否，在于"心"之主宰与否。也就是说，在朱子看来，"性"（"理"）本身不活动，至善无恶；"情"之活动无定向，可善可恶。所以必须由"心"来知觉"性"并主宰"情"，使"心"循"理"而动，才能成就道德之善。[②]

朱子在四十岁时确立了"心统性情"的心性论架构，其中"性"是形而上之"理"，"情"是形而下之"气"。那么朱子这里的"心"又是什么呢？林罗山对朱子的"心"论又是如何理解的呢？

朱子认为，"心"是人之神明，具众理而应万事。"心"在理气的共同作用下"知觉运用"，其"所觉者"为心之理，其"能觉者"为气之灵。也就是说，心之所以能够知觉是因为气之灵的作用，但在虚灵之气的作用下所知觉的则是所以然之故的"心之理"。为了进一步说明，朱子在"天命之性"与"气质之性"的基础上，把"心"相应地区分为本体和作用两个层面，即"道心"与"人心"。"只是这一个心，知觉从耳目之欲上去，便是人心；知觉从义理上去，便是道心。"[③] 从本原上讲，道心与人心本为一心，都具有知觉作用，但人心知觉的是耳目之欲，道心知觉的则是义理。"道心"来源于"性命之正"而出乎"义理"。朱子用"知觉""神明""主宰"来解释"道心"，他说："有知觉谓之心。""心，主宰之谓也。""心者，人之神明，所以具众理应万事。"相对的，

---

① 牟宗三：《心体与性体》第 3 册，台北，正中书局，1987，第 144 页。
② 蔡振丰编《东亚朱子学的诠释与发展》，华东师范大学出版社，2012，第 92—93 页。
③ 黎靖德编，王星贤点校《朱子语类》，第 2009 页。

"人心"来源于"形气之私"而出乎"私欲"。但朱子又说："有道心，则人心为所节制，人心皆道心也。"① 也就是说，在人心与道心的关系上，朱子认为如果人心顺应道心，有所节制，不为私欲所蒙蔽的话，那么人心是可以与道心保持一致的。

林罗山在《心说》一文中对"心"进行了较详细的论述，指出：

> 张明公曰：心共性情。夫性者，其理也，五常是也；情者，其用也，七情是也；气者，其运用也；意者，其所发也；志者，其所向也；念虑者，意之余也；身者，其所居也。②

这里，罗山借用张载"心统性情"之说，进而从"性""情""气""意""志""念虑""身"等方面对"心"进行了解释。罗山认为，性为体，就动静而言是静，为未发；情为用，就动静而言是动，为已发。但两者又是同源而生的统一体，其间密不可分。

可见，在"心"的问题上，林罗山首先继承了朱子的观点，认为心是理气结合后的产物，是形之主体。同时他主张心理一致，认为："天者，性理道义之所由出也。天也，心也，性也，道义也，一也。"③ "在天曰天曰帝，在人曰心曰性，故云：帝也，天也，性也，心也，通古今亘万世而一也，天人亦一也，理一也。"④ 在罗山看来，朱子关于心与理关系的论述，有将心与理作二分论的倾向，而他从理本论的理气一元论出发，认为心即性，即理。

对于朱子的人心道心论，林罗山也表现出了他的不同理解：

> 人心惟危，道心惟微，是大舜所告禹也。共是大圣也，圣之告圣如此，则圣人有两心欤？何以分人心道心哉？若以为天下后世众人之训诫，姑就其善不善而分言之，奚用不曰"人心惟不善，人心惟伪"，而曰"危"乎？奚用不曰"道心惟善，道心惟真"，而曰

---

① 黎靖德编，王星贤点校《朱子语类》，第 2011 页。
② 京都史蹟会編纂『林羅山文集』、310 頁。
③ 京都史蹟会編纂『林羅山文集』、316 頁。
④ 京都史蹟会編纂『林羅山文集』、267 頁。

"微"乎?①

可见，同对将"性"区分为"天命之性"与"气质之性"一样，对将"心"区分为"人心""道心"的观点，林罗山持质疑态度。首先他提出，舜与禹都是大圣人，如果说"人心惟危，道心惟微"是舜告诫禹的话，那么难道说圣人有两个心吗？又该如何区分人心与道心呢？进而他又从善恶的角度提出疑问，如果此二语是告诫后世众人的，那么就该用善或不善来区分，为何不直接说"人心惟不善，人心惟伪""道心惟善，道心惟真"呢？由此可见，罗山对性二分论、心二分论以及恶之本原等问题的疑问是相关联的，而这些最终都与他的理气一元论倾向有关。

第三节　神儒一致下的"理当心地神道"

林罗山将佛教、基督教、老庄学说等儒学之外的学说思想统视为异端邪说，进行了批判抨击。但是在处理朱子学与日本的神道关系时，他则提倡儒学与日本神道的调和，主张神儒一致。他说："或问神道与儒道如何别之？曰：自我观之，理一而已矣。其为异耳，夫守屋大连没而神道不行，空海法师出而神法忽亡，异端之为害也大矣！曰：日本纪神代书与周子太极图说相表里否？曰：我未知。呜呼！王道一变至于神道，神道一变至于道，道吾所谓儒道也，非所谓外道也。外道也者，佛道也。佛者充塞乎仁义之路，悲哉！天下之久无夫道也。"② 可见，林罗山首先通过排佛建立起朱子学与神道之间的关联。在他看来，神道就是王道，王道就是儒道，神道和儒道之间是相通的，但佛法盛行以后，神道被异端的佛教左右，失去了最初的样态。另外，林罗山神儒一致论的理论依据是朱子学的"天下唯一理"。因为世界只有"一理"，两道所本之理是相同的，所以两道之间只存在表象上的不同，其在根本上是相同的。很明显，林罗山站在朱子学理本论的立场，运用"理一分殊"的思想对神道与儒道的关系进行了调和，在继承中世神道诸说（尤其是吉田神道）

---

① 京都史蹟会编纂『林羅山文集』、384 頁。
② 京都史蹟会编纂『林羅山文集』、804—805 頁。

的基础上，将朱子学的"理"纳入他的神道论中，构建了"理当心地神道"的儒家神道思想体系。

毫无疑问，朱子学家是林罗山的本职，但博学多才的他很早便对日本国典表现出浓厚的兴趣。诸如在他的阅读书单中就有《日本书纪》《神皇正统记》《延喜式》《倭名类聚抄》《名目抄》《童子训》等。国典研究主要包括有职故实、歌文、神典三个领域，而罗山的本朝研究主要领域为国史与神道。当然，他的著作中既有利用了有职故实方面知识的《姬君婚礼记》《御元服记》《禁中故事》《装束记》等，也有如《倭汉诗歌合》《源氏物语诸抄年月考》等歌文相关的著作，但其中心领域仍是包括按照幕府命令编纂的诸如《本朝编年录三十三卷》《宽永诸家系图传三百七十卷》等在内的国史研究及神道研究。

在神道研究方面，根据刊本《林罗山集》（昭和五年）附录第四的编著目录，林罗山关于神道的著述主要有《东照新庙记》《武州王子社缘起》《神代系图》《仙鬼狐谈》《神社考》《神社考详节》《神书私考》《中臣祓抄》《神道传授》《神道秘诀》《伊势内外宫勘文》《寺社证文》《筑波山缘起》《河越天神缘起》。其中，《神社考》《神社考详节》主要是关于神社之缘起、由来的研究，《神道传授》《神道秘诀》等主要是关于神道思想的研究，《神书私考》《中臣祓抄》则是对神典的研究，其他大部分是关于诸神社缘起的研究。相较于对神典的注释性研究，林罗山神道研究的重点在于神社研究及神道秘传研究。

林罗山的神社研究成果主要集中在《本朝神社考》。《本朝神社考》分上、中、下三卷，上卷主要记述了春日神社、伊势神宫、八幡神社等神道二十二社的沿革，中卷记述了熊野神社、多贺神社等地方著名神社的缘起，下卷主要记述了如厩户皇子、浦岛子、道场法印等与神道有关的人物以及将军冢、神泉苑、久能山、僧正谷等遗址。

强烈地排佛反佛，反对神佛结合及神社与佛寺的混杂，是林罗山神道思想的一个重要特点。可以说，林罗山的神道思想是在抨击佛教与内化理学的基础上展开的。近世思想史上，提倡"脱佛归儒""神儒一致"，在借助儒教之力抨击佛教的过程中重兴日本"神道"，缘起于林罗山的老师藤原惺窝。林罗山继承师意，展开了较惺窝更激烈的排佛言说。他认为，日本是神国，神道是天神所授之道，而外来佛教的传入破坏了

日本固有的神道。他在《本朝神社考》序文中明确论述了编著该书的
目的：

> 夫本朝者神国也。神武帝继天建极已来，相续相承，皇续不绝，
> 王道唯弘，是我天神之所授道也。中世浸微，佛氏乘隙移彼西天之
> 法，变吾东域之俗。王道渐衰，神道渐废，而以其异端，离我而难
> 立。故设左道之说，曰伊奘诺、伊奘冉者梵语也，日神者大日也，
> 大日本国故名曰日本国；或其本地佛而垂迹神也，大权同尘，故名
> 曰权现；结缘利物，故曰菩萨。时之王公大人，国之侯伯刺史，信
> 状不悟，遂至令神社佛寺混杂而不疑，巫祝沙门同住而共居。呜呼！
> 神在而如亡。神如为神，其奈何哉。……今我于神社考寻遗篇访耆
> 老，伺缘起而证之《旧事纪》《古事记》《日本纪续》《日本纪》
> 《延喜式》《风土记抄》《古语拾遗文粹》《神皇正统记》《公事根
> 源》等之诸书以表出之，其间又有关于浮屠者，则一字低书而附之，
> 以令见者不惑也。
>
> 庶几世人之崇我神而排彼佛也，然则国家复上古之淳直，民俗
> 致内外之清净，不亦可乎。[1]

　　罗山首先指出了日本自神武帝以来绵绵相承的神授王道的"神国"
特质。但因为佛教异端的传入而出现了"王道渐衰，神道渐废"的局
面。罗山著《本朝神社考》的目的便在于，排除神佛习合及神社的神佛
混杂，根据正确的国典订正神佛混淆的缘起，进而明确神之所以为神，
从而达到"国家复上古淳直，民俗致内外清净"。在罗山的神社研究及
神佛习合抨击的背后，存在未被佛教污浊的日本国土秀丽、祭祀之道灵
妙这样一种神国思想。
　　既然日本是精气秀灵之国，那么自然这里就存在文明教化之道，而
这种文明教化之道便是神道。罗山在正保年间（约六十二至六十五岁
时）向若狭国主酒井忠胜所传授的《神道传授》，是他神道观的集大成
之作，该书集中反映了他的神道思想。

---

① 林羅山『本朝神社考』改造社、1942、22 頁。

林罗山称其所创立的神道为"理当心地神道"，"理当心地"是他神道思想的核心。对于"理当心地"之意，他指出："殊不知理当心地之义，我国天照大神以降，神以传神，皇以传皇，皇道神道岂二哉，谓之理当心地。"他从朱子学思想中的"理一分殊""阴阳五行化生万物"等观点出发，对神道和神作了定义，提出了"神道即理""神是天地之根，万物之体""神之天地之灵"的观点。

1. "神是天地之灵""心是神明之舍"

首先，关于"神"，罗山建立了天地神与人身神两个概念，指出"日月星水火之类、四时之移替""万物生荣"等皆为"天地神之所为也"；"目见、耳闻、鼻嗅、口言、气息之出入"，"或若壮，或年老衰，皆是人身神所为也"（"天地神、人身神"）。如此，天地神主管天地运行、万物生荣，人身神主管人的感官、生存、壮老盛衰等。关于此两种神的关系，罗山指出："人受天地之气生，故备天地于身也。两眼状如日月，身之温成者火也；润也，又唾液汗出类者水也；肉身者土也；筋骨如金；毛发如草木。一身无不具阴阳五行。"（"天地神、人身神"）"诸神与人之心神本同理。"（"总说"）可见，天地神与人身神同为气，虽在称呼上有别，但本质上是相同的。从本原来讲，天地运行、万物生长之灵便是神，此灵宿于人心便是人身神，两者同理。神同出一理，无时代之分，亦无地域之分。

林罗山进而在中世神道传统学说中融合朱子学主"敬"的思想，提出"神是天地之灵""心是神明之舍"的"心神论"。他认为，"心"是人与神接触的重要媒介，"神"存在于"心"，人要时时心存"祈祷（祈り）"，即要以崇敬之心待之。他说：

> 神是天地之灵也，心是神明之舍也。舍，家也。举例而言，此身如家，心如主人，神是主人之魂也。①
> 心为宅，神为主，敬亦为一心之主宰。故有敬则神来格，若无敬则亡本心，故为空宅，神何为来？止唯敬乎？敬所以合于神

---

① 林羅山『神道伝授』国書刊行会編『神道叢説』、1911、15—16頁。

明也。①

朱子认为"敬"是万物之本，只要存敬则心便一，而万理具在。林罗山承袭朱子的主"敬"思想，把"敬"看作"一心之主宰"，同时他又将此"敬"运用到神道学说中，强调只要"有敬则神来格"，有敬心才能成为真正的神明之舍，否则心就是"空宅"。

另外，一气之清浊分阴阳而生万物，那么在人心言清浊，则智、正直、慈悲、直、行道、忠孝为清，愚、邪智、悭贪、曲、无道、不忠孝是浊。"心清则身清，心浊则身浊"，此身浊则秽。神喜清净而厌污秽，故在神道中非常重视"祓"。可见，神道的"祓"与儒教的"敬"是相通的。

2. "神道即王道"

林罗山"理当心地神道"的另一重要内容是"神道即王道"说。他在《神道传授》的"神道奥义"中指出：

> 理当心地神道，此神道即王道也。心之外无别神，无别理。心清明，神之光也。行迹正，神之姿也。政行，神之德也。国治，神之力也。是天照大神相传，神武以来代代帝王御一人所治之事也。②

神道即是伊奘诺、伊奘冉二神之子天照大神所教之道，自神武天皇以来，代代帝王都是按照天照大神相传下来的"神之光""神之姿""神之德""神之力"来治理国家的。因此，帝王执行之道即王道，王道即神道。罗山指出，说起神道，人们可能会认为社家、神主、祝部等的祭礼神事之行法才是神道，但这些是祝随役神道，并非真正作为道、作为教的神道。真正的神道只有"理当心地神道"。

这里，罗山用朱子学中的"理"来统括神道与王道。因为"理"不仅统括天道，也兼摄人道，同样，神道也在理的范畴之内，所以王道即神道，神道即王道。同时，罗山强调，日神道之教，不讲教理，而是由

---

① 京都史蹟会编纂『林羅山文集』、804 页。
② 林羅山『神道伝授』国書刊行会编『神道叢説』、20 页。

"三种神器"象征地表现出来。他说：

> 天照大神玉授代代帝王之御宝物也，镜，智也；玉，仁也；剑，勇也。此三内证者，具智仁勇之德于一心之义也。存于心，智仁勇也，具体表现成为器时，则玉也，剑也，镜也，以此治守国家也。又镜像日，玉像月，剑像星，如有此三光，天地明，三种神器备，则王道治。王道神道理一也。[①]

天照大神传授下来的三种神器的存在正是神道王道一理的证明。罗山认为，古神道的状态与儒学并不矛盾，王道神道才是神道的真正状态。罗山还通过解释"王""主"二字来说明神道与王道的关系：

> 王，"三"，天地人之三也。"丨"贯天地人。贯天地人者，神道也，即王道。其第一之人，天下之君也，故曰"王"。"主"，王上之点，火焰之貌也，日火珠也，其首在日轮，即天照大神也。日神之子孙，坐日本之主，故曰日本国也。[②]

"王"代表了"王道"，但也是神道的体现。"王"字中的"三"代表天、地、人之三，中间的"丨"则代表贯天地人。"主"字是"王"字上面多了一个点，这个点是日之火珠，日即天照大神，所以王道之上有天照大神的庇护。因此，能做日本之"主"的，是天照大神的子孙。

3. "神是天地之根、万物之体"

林罗山还指出，神是天地之根、万物之体：

> 神是天地之根、万物之体也。无神则天地灭，万物不生。在人命也，魂也。具五行不分，含万物为一。有此根故，人生物生，若无此根，则人物不可生。……有始有终，有古今常道之神，故能为万物之始，又为万物之终。是神道之奥义。[③]

---

① 林羅山『神道伝授』国書刊行会編『神道叢説』、16 頁。
② 林羅山『神道伝授』国書刊行会編『神道叢説』、21 頁。
③ 林羅山『神道伝授』国書刊行会編『神道叢説』、16 頁。

神是天地之根、万物之体，没有神则天地、万物都不复存在。在人而言，"神"即为命、为魂。神就是世界的"根"，有此"根"，才能"人生、物生"，相反，则人与物均不可生。有古今常道之神，才有万物之始终，这就是神道的奥义所在。可见，林罗山通过对神的界定及论述明确了神道的特点，效仿理本论的论述，提出了他的神本论思想。

此外，林罗山沿袭中世神道（尤其是吉田神道）的神话解释传统，运用朱子学的"无极而太极""阴阳五行化生万物"的观点，对日本神道传统中的诸神进行了解释。他说：

> 阴阳不分之前云混沌，一气也。分一气成阳，阳神云伊奘诺，阴神云伊奘冉，此而生相交生万物。天，阳也；地，阴也；火，阳也；水，阴也；昼，阳也；夜，阴也。……本一气开而成阳，闭而成阴，聚则成阳，散则成阴，阴阳动成五行，五行变化则人生，鸟兽草木生。如此之事，皆伊奘诺、伊奘冉两神所作也。所有之事，不离此两神。
>
> 云混沌圆如一气也。天地不开，阴阳未分时，混沌圆如鸡子，神灵之理自在其中而未现。及至其分开，天地万物生。……神备于未分之内，现于开辟之后，故无始无终。
>
> 天地开时之神称国常立尊，天神七代之第一也。此一身分身而成诸神之总体。……人之本心一而通万，皆国常立尊也。
>
> 国常立尊，一切诸神之根本也，一而无形有灵，天下无人不受此神之气，万物始，悉皆基于此神。①

依据朱子学中的"理先气后"论，阴阳未分之时称为混沌，这个混沌便是天地未分之时的一气。此时神灵之理已经存在于此，只是尚未出现而已。待天地开辟时，天神七代中的第一代神国常立尊出现，此后诸神皆为此神之分身。之后直至第七代神伊奘诺、伊奘冉两神出现，此为一气化分阴阳后所出现的神，伊奘诺为阳神，伊奘冉为阴神，阴阳动而

---

① 林罗山『神道伝授』国書刊行会编『神道叢説』、18、25、16、25 页。

成五行，遂生人、生万物。

这里林罗山所讲的"一神即是八百万神"等明显继承了吉田神道，在此基础上他运用朱子学的"一气""阴阳五行化生万物"等概念进行了论述。在罗山这里，如天地神、人身神、八百万神等，神的身份似乎多种多样，但归根到底都是国常立尊一神。

这里，"神"有两重含义，一是神道神话中出现的从国常立尊到八百万神这些作为实体的"神"；一是基本与"理"相同，作为万物化生依据的形而上的存在。

如前所述，受到罗整庵、李退溪等的影响，林罗山的理气论，相较于朱子，更接近于理气一元论的理气合一。与之相应，他所论述的"神"，是从混沌一气中出现的同时就具备了"理"（神灵之理）。因此国常立尊是理气合一之神。从这一层面讲，罗山这里的"神"与朱子学中的"理"同出一辙，神即理。

4. "神道即是理"

关于神道即理，林罗山在《神道传授》"神理受用事"一节中指出：

> 神道即理也。万事非理之外。理，自然之真实也。……古今之间，移易时节到来，是又无定常之理外事也，知此理为神道。[①]

他认为世间万物皆有一理，此理是自然的真实的存在。他批判佛教的"花开花落，时节到来之因缘"说，认为这种说法是"不知根本之理"，是没有依据的。他又指出，古今之间，移易时节到来是定常之理，以知此理为神道。世间万事万物皆出自理，因此森罗万象中无理外之事，神道所示之理便是此。如此，林罗山从理的角度出发，为传统神道赋予了理学色彩。因为儒道与神道之间的"理"是共通的，而"神道"又是神道思想的核心，所以他就效仿朱子学中"性即理"的说法，提出了"神道即理"。

综上，林罗山的"理当心地神道"的思想中结合了朱子学的"理气性理"思想及传统儒学中的王道思想。他认为神道与儒道是相通的，两

---

① 林羅山『神道伝授』国書刊行会編『神道叢説』、37 頁。

者是一体两面的关系。林罗山不仅是日本近世朱子学的提倡者，也是理当心地神道的创立者。他在反对神佛习合的同时，借用朱子学的哲学学说和伦理价值观对神道进行重新阐释，将神道理论化、权威化。林罗山通过朱子学对日本神话进行辐射和整合，强调日本神话中所体现的万物生成原理与朱子的理气原理是一致的，并强调神道之实理与儒学的伦理也是一致的。

第二章　山崎暗斋的神儒妙契论

山崎暗斋是虔诚的朱子学信奉者，同时又是神道思想的信仰者。作为神儒兼学的思想家，他试图在儒学与神道之间寻求共通性，而这种共通性并非建立在神道附和儒道的基础之上，它是普遍存在并在神儒之间各自体现的"唯一理"。正如他在《洪范全书》中所说："盖宇宙唯一理，则神圣之生，虽日出日没处之异，然其道自有妙契者存焉。"神圣诞生之地虽异，但贯穿于天地宇宙之间的"理"是一致的。也就是说神道与儒道之间的共通性是一种冥冥之中的"妙契"，而非神道对儒道的附和。他认为，儒学之道集中体现在四书五经等经典里，神道之道则集于"中臣祓"与《日本书纪》的神代卷等神道经典之中。而儒学所涉及的"性""道""教"等亦存在于日本的神道中。两者之间只存在表现形式上的不同，而不存在本质上的不同。

第一节　山崎暗斋的生平与思想历程

山崎暗斋，名嘉，字敬义，小字嘉右卫门，号暗斋，又号垂加，是江户时代初期日本朱子学海南学派①的代表人物之一，也是垂加神道的创立者。在暗斋思想体系确立的过程中，出现过两次大的思想转向。第一次是弃佛从儒，由佛教转向朱子学；第二次是同时研究朱子学和神道，即所谓"神儒兼摄"时期。

山崎暗斋的父亲名长吉，小字清兵卫，号净因。天正十五年（1587）生于泉州岸和田，延宝二年（1674）逝于京都。净因十一岁左右便成为德川家定的侍从，家定逝世后，改侍其嗣子利房，四十七岁左右离开利

---

① 朱谦之在《日本的朱子学》一书中，将日本的朱子学分为京师朱子学派、海西朱子学派、海南朱子学派、大阪朱子学派、宽正以后的朱子学派及水户学派六大派别。各个学派的朱子学研究有其偏重，亦有其历史、地理特点。可见即便同是研习朱子学，每个学派甚至每个思想家，其思想内容都不一致。

房成为浪人，后移居京都以针灸为生。暗斋的母亲佐久间氏，天正九年（1581）生于近之江州安比路，宽文十一年（1671）逝于京都，享年九十一岁。

暗斋自幼聪明过人，据说八岁左右便能背诵四书及《法华八部》等，周围人皆对他赞叹不已。但后来因性格桀骜不驯，惹怒了父亲，被送到京都的比睿山，成为侍童。十三岁时，暗斋遇到了来比睿山游玩的土佐（今高知县一带）贵公子湘南和尚，获得了湘南和尚的赏识，被带到土佐的妙心寺。十九岁时，因湘南和尚的关系，又从妙心寺转至吸江寺。就是在这里，暗斋结识了谷时中（1598—1650）、小仓三省（1604—1654）及野山兼中（1615—1664）等有名的朱子学家。在他们的影响下，暗斋开始接触朱子学，通过学习与了解，他渐渐被朱子学所提倡的"伦理纲常"以及积极入世等观念吸引。对暗斋而言，移居土佐成为他一生的重要转机。

宽永十九年（1642），二十五岁时，暗斋毅然决然地脱去僧侣服，摒弃佛门，转向朱子学。正保三年（1646），暗斋正式还俗，称嘉右卫门，字敬义，号暗斋。敬义二字取自"敬以直内，义以方外"，暗斋二字与朱子的号"晦庵"意思相通。① 次年，三十岁时，暗斋作《辟异》一书，批判佛教等异端思想，正式表明其弃佛从儒的志向，真正地实现了其朱子学转向。从此他作为一个虔诚的朱子学家，在京都开塾讲学，竭力宣传朱子学。可以说《辟异》是他正式转向朱子学的宣言书。同年，暗斋编著了《周子书》，此书收集了周敦颐的《太极图》《太极图说》等代表性学说。庆安四年（1651），暗斋著《世儒剃发辩》，对以林罗山为代表的儒学"世儒"即所谓俗儒进行了抨击。承应三年（1654），暗斋又收集朱子与陆象山之间论证的书简，编纂成《大家商量集》，对阳儒阴佛的陆学展开了批判。

除上述抨击异端的著述之外，暗斋还编注了《白鹿洞学规集注》（庆安三年）、《敬斋箴分注附录》（庆安四年）、《西铭解》等。暗斋通过引用主要语句并加注的方式研读朱子学著作。

明历元年（1655）春，暗斋首次在京都开讲，讲义的内容主要是

---

① 　岡田武彦『日本の思想家　⑥　山崎闇斋』明德出版社、1985。

《小学》《近思录》《四书》《周易本义》《程传》。同年十二月，为《伊势太神宫仪式》作序文。在此序中，暗斋明确阐述了他的排佛论及再兴神道的愿望。明历三年（1658）二月，前往伊势神宫参拜，三月回京都后又参拜了八幡宫。由暗斋的这一系列神社参拜行为可知，他对神道表现出了极大的关注。

万治元年（1658），暗斋首次来到江户，并得到了常陆笠间侯井上河内守正利与伊豫大洲侯加藤美作守泰义的邀请。也是从这一年开始直至延宝二年，暗斋每年都往来于京都与江户之间。

宽文五年（1665），四十八岁的暗斋，被会津藩藩主保科正之聘为御用宾师，为其讲授朱子学。在奉侍保科正之的八年间，暗斋在为正之讲授朱子学的同时，还编撰了《玉山讲义附录》《二程治教录》《伊洛三子传心录》《会津风土记》《会津神社志》，这些著作被称为"会津五部书"。

宽文九年（1669）九月，在暗斋赴江户途中参拜伊势神宫时，大宫司精长向他传授了"中臣祓"。宽文十年（1670），又从度会延佳那里得到了《伊势神宫祓具图说》。次年八月，吉川惟足（1616—1695）为其传授吉田神道之传，十一月传授他"垂加灵社"的灵号。可以说，宽文年间是暗斋神道思想的沉潜期。

虽然山崎暗斋的学术研究以朱子学为主，但对日本固有的神道，他一直表现出极大的兴趣。晚年他也开始着手于神道研究，追随吉川惟足，潜心研究神道，在中世神道传统的基础上，将朱子学的一些理论运用到神道神话解释中，创建了理学色彩浓厚的"垂加神道"。这是他思想上的第二次大的转变，自此他的思想进入"神儒兼摄"阶段。在此阶段，随着朱子学研究的进一步深化及对神道的深入理解，他对"日本"进行了重新认识，其思想中逐渐出现日本主义倾向。他所宣扬的国体论、君臣论、政治论等对后世的水户学、国学等都产生了深远的影响。暗斋在神道研究方面的主要著作有《中臣祓风水草》《神代卷风叶集》等。

暗斋的学术思想有个鲜明的特色，他如实地继承并忠实地宣传普及了朱子学，同时又实现了朱子学思想的日本本土化转变。忠实于朱子学原本的内容与实现朱子学的日本化，这两点看上去似乎是矛盾的，但暗

斋通过将儒学与神道相融合的比附方法逐渐实现了朱子学的本土化转变。在他这里，只要把朱子学中的重要概念要素（如阴阳五行、伦理纲常、理气、敬等）与日本古代的神话相对应，主张朱子学中的这些内容同样存在于日本古代神话中，并强调这种对应非后天人为的附会，而是两者之间冥冥之契合便可。因此，在神道与儒学的关系上，他主张儒学之道与神道之道相通，是冥冥中的"妙契"。儒学之道集中体现在四书五经等经典里，神道之道则集于"中臣祓"与《日本书纪》的神代卷等神道经典之中。而儒学所涉及的"性""道""教"等亦存在于日本的神道中。两者之间只存在表现形式上的不同，而不存在本质上的不同。

当然，将神道与宋儒之说相结合，主张神儒一致，并探寻神道与儒教之间的一致性，在暗斋之前早已有人尝试。如早在中世时期，北畠亲房（1292—1354）就在其著作《元元集》的《神道要道篇》中将日本古代神话中出现的三种神器（琼玉、宝镜、神剑）与《大学》八条目中的修身、正心、致知相对应。近世如藤原惺窝、林罗山等朱子学家以及度会延佳、吉川惟足等神道家等都有过同样的主张。但在山崎暗斋的理解中，他所谓的"妙契"并非单纯借用朱子学来附和神道，而是神儒之间的自然平行性，即神道与儒教之间并不存在儒道在先、神道在后这样的关系。可以说，神儒妙契论是山崎暗斋实现朱子学的日本化及神道的理学化的重要理论依据。

第二节　山崎暗斋的朱子学思想

一　理气妙合：宇宙万物的生成原理

朱子在周敦颐的《太极图说》、张载的"气"论以及二程的"理"论的基础上，提出了他的理气论。他认为宇宙万物皆由"理"和"气"构成，"理"与"气"可以解释一切事物的形成及存在。首先，朱子的理气论将理与气一分为二，肯定理与气的存在的同时，强调"有是理便有是气"的相即不可分。而且，朱子的理气二元论又认为理是核心，认为天地之间先有理后有气，理为主，理是太极，是天地万物的总和。也就是说，朱子的理气关系论认为，理与气是可以一分为二的，相即不可

分离，但理又是气之主，"理本气末""理先气后"。

作为虔诚的朱子学者，山崎暗斋基本继承了朱子学的理气论。对于理与气的关系，暗斋更是继承了朱子的理气不可分论。但不同于朱子的是，暗斋的理气不可分论，又有着否定"理先气后"的意思。如《大学垂加先生讲义》中有论述如下：

> 《易》有太极，太极即理也。而后，并非云先有无气之理，而后又别有气出来。而后，只是辞字也。云理气时理是气之主也。故立如此辞也。[1]

"又必有是理而后有是气"出自朱子的《大学或问》，常被引用来表明朱子的理先气后说。上述引用是暗斋对于此句的理解。他认为此句重点表达的是理是气之主，而并非表示无气之理先存在而后另生气。"而后"只是辞字，而非表示时间顺序之意。也就是说，在山崎暗斋看来，虽然理作为万物的本原，具有超越性，但既没有无理之气，也不存在无气之理，理气共存一体，无先后。正如友枝龙太郎、高桥文博等学者指出的那样，在朱子那里，理之于气同时具有"超越性"与"内在性"，但到暗斋这里，理的"超越性"一面减弱，"内在性"一面则更加凸显。

暗斋对理的"内在性"的强调，可与其"妙合"思想结合起来考察。那么，暗斋的"理气之妙合"具体又是什么意思呢？他在《文会笔录》中说：

> 《太极图说》解曰："是所以无极、二五妙合无间也。"又曰："天下无性外之物，无不在性。是所以无极、二五混融无间也。所谓妙合者也。"（理气一而二，二而一。其合不测，故曰妙合。——暗斋注）[2]

周敦颐的《太极图说》中有言"无极之真，二五之精，妙合而凝"。

① 西顺藏等校注『日本思想大系　山崎闇斋学派』岩波书店、1980、35 页。
② 日本古典学会编『山崎闇斋全集』第 1 卷、ぺりかん社、1978、169 页。

对此，朱子解释为无极与二五是"妙合无间"的关系，用"妙合"二字表示无极与二五的"混融无间"。在此基础上，暗斋指出理气关系是"一而二，二而一"，将"妙合"解释为不测之合。《大学垂加先生讲义》又有解释如下：

> 真，以理云之名也。精，云气之名也。妙合之妙字能言出者也。理与气云合者，合之神妙也。如两手持蛤蚌壳合之者非妙合也，如水与汤（热水、开水——引者注）相合。虽分开云理云气，然有理则有气，有气乃有理，二而一，一而二。所谓妙合也，其凝固如此则各成人物。①

暗斋将理气的妙合比喻为水与热水这种无法区别的关系，并指出理论上可以分开讲理讲气，但实际上有理便有气，有气便有理，两者无法分开而言之。理与气是神妙之合的妙合关系，两者相即不离。

接着，暗斋论述道：

> 然以其理而言之：共云人与物，于万物一原之上云则唯一理也。然人之所得语明德者，此云则须分开言。其理者，乃于妙合之中拔理而言。以其气而言之，二气五行有数之中有偏也。而理者无迹，气者有迹。有迹者形而下，乃寒热温凉之类可见。然合于理而言，则指其迹为形而下，而非取于手之意也。②

《大学或问》中，朱子在引用周敦颐的"无极之真，二五之精，妙合而凝"之后，继续解释说："然以其理而言之，则万物一原。固人物无贵贱之分。以其气而言之，则得其正且通者为人，得其偏且塞者为物。"③ 对此，暗斋认为，宇宙唯一理，是站在万物一原的立场上所说的。人所得之理称为明德，是将理从妙合之中抽离出来而言。也就是说，从万物一原这一层面讲，理是唯一的、是绝对的，且具有超越性。但尽

---

① 西顺藏等校注『日本思想大系　山崎闇斋学派』、36 页。
② 西顺藏等校注『日本思想大系　山崎闇斋学派』、36 页。
③ 黎靖德编，王星贤点校《朱子语类》，第 59 页。

管如此，理始终是妙合之中的存在，与气妙合后方有万物。换言之，较理的绝对性、超越性，暗斋更重视其与气的妙合，或者说其之于气的内在性。

如上所述，朱子虽也讲理气不可分，但朱子的理气不可分是"理先气后"基础上的不可分，较理气的妙合不可分，更重视理的超越性与绝对性。而到暗斋这里，则更重视理之于气的内在性，更强调理气的妙合、相即不离。

二　"性"与"心"：暗斋的人性论

暗斋将理气妙合视作宇宙万物生成原理的理气论，直接反映在他的人性论中。以下就其对人性论的核心概念"性"与"心"的理解展开论述。

1. 关于"性"

暗斋主张"理与气合有性之名"的性论。他在宽文十二年（1672）编录的《性论明备录》的序文中论述说：

> 理与气合而有性之名。故圣贤言性，有以理言之者，有以气言之者。成汤所谓恒性者，本然、仁义礼智之理也。伊尹所谓习性者，气禀、耳目口鼻之欲也。夫子言性与天道者，则本然也。相近相远之性，兼气禀而言之也。①

朱子将内在于万物的理称为性，主张性即理，性的本质是善的。但"性"有"本然之性"与"气质之性"之分。本然之性是万物禀受自天的浑然之理，而气质之性则由气禀的不同而产生。本然之性至善，但气质之性因其气禀之不同而有善有恶。这是朱子的性即理说。相较于"性即理"，暗斋则强调"理气相合之性"。很明显，暗斋的这一性论，与其理气妙合论息息相关。也就是说，在暗斋看来，本质上而言，虽然性即理，但理既具于人成为性，则无法与气分开而言。理气合为一体，则性即为理气相合之物。

---

① 日本古典学会編『山崎闇斎全集』第 4 巻、59 頁。

那么，暗斋又是如何解释"本然之性"与"气质之性"的呢？在《本然气质性讲说》中，他将两者分别比喻成药材人参、白术、茯苓、甘草，以及用水将此药材熬制而成的四君子汤。人参、白术、茯苓、甘草虽各有其药性，但熬制之后便成四君子汤。比喻而言，用水熬制之前的人参、白术、茯苓、甘草是本然之性，熬制之后的四君子汤是气质之性，而这时的水便是气质。用水熬制之后，原来药性各异的四种药材成为一种汤，这时已无法分辨哪个是人参，哪个是白术，而是成为四君子汤。与之相同，作为天然之性（理）的元亨利贞寓于阴阳五行之气后方生人，人得元亨利贞四德，而成为仁义礼智之性。那么，仁义礼智即为气质之性。如此而言，如果理不具于气，则无性可言。也就是说，在暗斋这里，只有理备于气后才有性，内在于气的理才是性。因此，他说："夫元亨利贞之四德，合于阴阳五行之气而生人，人各得其处，曰仁义礼智也。""理不具于气，则无性。"①《性论明备录》又有如下论述：

> 未有形气，浑然天理，未有降付，故只谓理；已有形气，是理降而在人，具于形气之中，方谓之性。已涉气，便不能专说超然之理也。程子曰：天之所赋为命，物之所受为性。或曰：在天曰命，在人曰性。即此也。②

天理备于形气之中后，方可称之为性，所以离开了气，性便也不存在。未具形气，无降付之处时的天理才称为理。分殊于人，备于形气之后才能称为性。一旦与气相关，便不可专说理。也就是说，只有兼理与气而言时才是性。由此可见，暗斋是在"理气之妙合"的框架中理解"性"的。所以他指出，人之性，以为是理，却是气质。以为是气质，则其中又具理。在暗斋看来，性是理气之妙合。

2. 关于"心"

"心"之概念与"理""气""性""情""明德"等概念相关，因此，要把握"心"的内涵，须从多个方面进行。

---

① 西顺藏等校注『日本思想大系　山崎闇斋学派』、68 頁。
② 日本古典学会编『山崎闇斋全集』第 4 卷、67 頁。

（1）"心"与"理""气"

暗斋很早便开始就"心"的概念表达自己的观点。他早在三十四岁时所编纂的《大家商量集》的序文中，就指出"心是无极之真，二五之精，妙合而凝者"。① 与"性"的理解相同，暗斋也通过理气妙合、理气相即一体来理解把握"心"。在《大学垂加先生讲义》中，他解释"心之为物"说：

> 然则心之为物，寻常经传指心多以理为主。然心者理气妙合。其形外圆中窍，存于膛中，是包性情之所，所谓心脏，指此为物。然末儒之说，指为物不能云心脏。云为物，然非以心为气也，仍以心为理，却言为物。僻事也。②

经传中多以心为理，但实际上心是理气妙合之物。心是存在于腹中形状外圆中空的实物，包括性情，所谓心脏。所谓"为物"就是指包含性情的心脏。因此，说"为物"，却不将心看作气，而看作理的这些末儒之说，是错误的、不符合实际的。很明显，这里暗斋将"心"也放在"理气妙合"的框架中把握，并认为心应该是气，而非理。也就是说，他认为心是理气之妙合，但本质上而言，心属于气的范畴。

对于"心"与"理"的关系，他指出：

> 阳明《传习录》引此语云："心与理，付与字，以心理为二物，过见。心者即理也。"僻事也。朱子已于首处言心之为物云云，所谓理也。而学欲穷理，放心则知不可致，故为语此。而初举此语，固非将心与理相分如以蛤蚌为二之意也。③

王阳明认为朱子说"心与理"，"与"字表达的是他将"心"和"理"看作两种不同的东西。暗斋指出，王阳明的这种看法是错误的，朱子谈"心与理"并不是将心和理视作完全不同的二物，而是为了表达

---

① 日本古典学会编『山崎闇斋全集』第4卷、67页。
② 西顺藏等校注『日本思想大系　山崎闇斋学派』、56页。
③ 西顺藏等校注『日本思想大系　山崎闇斋学派』、57页。

"学欲穷理，放心则不可致知"，才用一个"与"字将"心"和"理"区分开来。

如此可见，与强调"理气妙合"的世界观相应，暗斋一方面认为"心"是"理"与"气"的妙合体（就其本质而言仍属"气"的范畴），另一方面主张"心"与"理"相即一体，是穷理的主体。

（2）"心"与"性""情"

按照朱子学的理解，"理"内在于人则称"性"，即"性"的本体是"理"，此时作为"理"的"性"是不动的。但当"性"内在于"气"时，则会由于气禀的作用而"发动"，"发动"后的"性"就是"情"。从体用关系而言，"性是体，情是用"。

关于"心"与"性""情"的关系，朱子主张的是"心统性情"。他说："性是未动，情是已动。心包得已动未动，盖心之未动则为性，已动则为情。所谓心统性情。"① 对此，暗斋解释道：

> 虚而无形，不能取于手，此为活物，神妙称为灵。所谓心本虚，应物无迹是也。以具众理，所具何众理也？孟子所谓仁义礼智根于心，寂然不动之体也。应万事者，感通乎天下之事，用也。横渠谓，心统性情者也。此由也。寂然本体，具仁义礼智之众理者，现于应万事者。自用及体，则具众理之实可见。②

以上是暗斋对"虚灵不昧，具众理，应万事"的解释。他认为虚指的是看不见摸不着的一种活物，灵就是神妙不测。张载所说的"心本虚，应物无迹"就是这个意思。接着他又借用孟子"仁义礼智根于心"，以"仁义礼智"解释"心"。"元亨利贞"之理在人事上体现为"仁义礼智"之性。此性根于心，是寂然不动之体。根于"心"的"性"发动后即通天下万事，这是"用"。可见，暗斋基本继承了朱子的"心统性情"观，认为"心"统摄"性"与"情"，"性"是"心"的本体，"情"是"心"的发用。也就是说，"心"既是"具众理"的主体，又有"应万

---

① 黎靖德编，王星贤点校《朱子语类》卷五，第224页。
② 西顺藏等校注『日本思想大系　山崎闇斋学派』、24页。

事”的作用。

（3）“心”与“明德”

暗斋在《大学垂加先生讲义》中，就朱子对“明德”的论述如下：

> 明德者云云。明德之字，可见于《易》《尚书》，朱子此解，前圣贤之未言处也。末书就此看作性或合心与性而言，皆不知之论也。明德者可看作心也。……由此可以性论亦可以情论。[1]

在此，暗斋批判后续本将“明德”解读为“性”或“合心与性”的观点，明确指出明德就是心。因此，在论“明德”时，与论“心”相同，既可以性而论之，也可以情而论之。

如此，暗斋将“明德”看作“心”。另一方面，他又指出“心”是“明德”的栖所。他说：

> 《章句》书虚灵不昧云云，乃解明德时语出心，至此明言其为虚灵不昧之舍。显然，神明之舍即云心脏也。[2]

朱子在《大学章句集注》中解释“虚灵不昧”时，提及了“心”。这是因为他将心看作“虚灵不昧”的住所。另外，暗斋解释《大学或问》中“知则心之神明，妙众理而宰万物者也”时还指出，“心”与“知”都是明德。说“知”是心之神明，是因为有“知”，“心”方能成为“神明”。又因“心”是人之一身之主，所以心为神明后才能说人之神明。

这样，暗斋依据朱子的“明德者，人之所得乎天，虚灵不昧，以具万理应万物”（《大学章句集注》）、“心者人之神明，具众理应万物者也”（《孟子集注》）、“知则心之神明，妙众理宰万物者也”（《大学或问》）这三处言论，确立了“明德＝心＝知”的关系图式。也就是说，在暗斋这里，正因为有心有“知”，所以才说“心之神明”，而所谓“心之神明”就是指“虚灵不昧”宿于人的心脏之中。从“心”与“明德”

---

① 西顺藏等校注『日本思想大系　山崎闇斋学派』、23—24 页。
② 西顺藏等校注『日本思想大系　山崎闇斋学派』、37 页。

的关系来理解把握的"心",既是被称为"为物方寸、灵台、神明之舍"的作为实体的"心脏",也是被称为"虚灵不昧""灵妙"等作为作用的"明德"。

综观而言,暗斋的"心"有如下特点:第一,"心"是形而下的物质。即作为人的具体身体部位的心脏。第二,"心"是天命之性的栖所。就其本体而言"性"与"心"是一体的。这时可以说"心即性"或者"心即理"。同时,未动时的"性"与"心"是一体的,发动后的"情"是"心"之作用。心统性情。所谓"心即理",只有当心的能动性与理的规范性一致时才成立。第三,"心"是"虚灵不昧"的本体。既是"明德"的栖所,也是"具众理应万事"的人之神明。第四,"知"是心之妙用。从这种意义讲,"心"又具有"知"的主体性作用。

三 对"敬"的理解:暗斋的修养论

1. 暗斋对"居敬"的重视

众所周知,"穷理"与"居敬"是朱子学中所倡导的两个重要道德修养方法。居敬的目的在于确立人的内在,穷理的目的在于探求外部之理。通过"居敬"与"穷理",人可以回到受于天的本性,达到天人合一的境界。朱子认为两者的关系譬如"人之两足",互不可缺。

就暗斋的道德修养论,目前学界的大多数观点是较"穷理",他更重视"居敬"。如阿部吉雄就指出:"相较于朱子的居敬穷理说,暗斋重视居敬胜于穷理,他认为不做慎心以存养人之本来性工夫的话,就不能达到圣贤的地位。"[1] 尾藤正英也指出:"这意味着他放弃了朱子学核心的'穷理',并放大了'持敬'。"[2] 持有这种观点的还有衣笠安喜,他说:"这种对'敬'的重视,也就是在朱子学的两种道德修养方法,即知性客观性的'穷理'与直观性内省的'持敬'(居敬)中,无视穷理而只依存持敬,至少在暗斋这里是这样的。"[3] 当然,也有不同的声音,如近藤启吾就认为暗斋并非放弃了"穷理"而只讲"持敬",对暗斋来

---

[1] 阿部吉雄ほか編『朱子学大系(一) 日本の朱子学』明德出版社、1975、144 頁。
[2] 尾藤正英『日本封建思想史研究』青木書店、1961、65 頁。
[3] 衣笠安喜『近世儒学史の研究』、95 頁。

说，"穷理"同样重要。①

诚然，暗斋在转向朱子学后的最初阶段，反复强调了作为道德修养方法的"敬"的重要性。但这并非意味着他放弃了"穷理"。他之所以重视"敬"，是因为他认为如果没有"敬"之心，便难以"穷理"。如他在《大家商量集》的序文中说："心者无极之真，二五之精，妙合而凝。故居敬以穷其理，持志以养其气，则我之不动心亦能如孟子。"② 可见，暗斋重视"居敬"是为了更好地"穷理"。

山崎暗斋在三十三岁所作的《白鹿洞学规集注》的序文中就指出，小学之立教为的是明人伦，而明人伦的关键就在于"敬身"，强调了"敬身"的重要性。《蒙养启发集》中又说：

> 夫圣人之教，有大小之序，而一以贯之者，敬也。小学之敬身，大学之敬止，可以见焉。盖大小之教，皆所以明五伦，而五伦则具于一身，是故小学以敬身为要，大学以修身为本，君子修己以敬，而止于亲义别序信，则天下之能事毕矣。③

暗斋认为，圣人之教有先易后难、由小学到大学的先后顺序，而"敬"始终贯穿整个为学过程。所以小学强调敬身，大学强调敬止。《敬斋箴分注附录》序文中还说："人之一身五伦备，而主身者心也。故心敬则一身修，五伦明。"④ 可见，暗斋认为"敬"既可以修身，也可以明五伦。如果天下人都能以"敬"修身养性，则天下秩序井然。暗斋强调了"敬"对于明人伦、稳定社会秩序的必要性。

总之，在暗斋看来，"敬"是践行五伦的根本。暗斋对"敬"的理解与把握，很大程度上是受朱子《敬斋箴》的影响。在三十四岁时他编写《敬斋箴分注附录》，继承朱子"敬"的观点，并强调了"敬"之于修身及明五伦的重要性。该书包括序文、本文及分注、附录、跋文四个部分。其中跋文与序文分别为庆安三年（1650）及明历元年（1655）所

---

① 近藤啓吾『山崎闇斎の研究』神道史学会、1986。
② 日本古典学会编『山崎闇斎全集』第 3 卷、452 頁。
③ 日本古典学会编『山崎闇斎全集』第 3 卷、176 頁。
④ 日本古典学会编『山崎闇斎全集』第 4 卷、6 頁。

作。"本文及分注"部分,暗斋将《敬斋箴》十章按照其内容分为"持敬之目"、"前六章小结"、"不敬之害"及最后"总括"四个部分。附录则引用了朱子关于《敬斋箴》的言说十一条及黄勤勉、陈北溪等朱子门人的言说八条。晚年,他又著《敬斋箴讲义》①,进一步阐明"敬"的内涵。讲义一开头便强调"敬"的重要性,指出"敬"是"代代圣人道统之心法""成儒学之始终的工夫"。② 可见,暗斋对《敬斋箴》的重视以及对"敬"的强调基本上贯穿了他的一生。

2. 暗斋对朱子"敬"思想的理解与把握

如上所述,暗斋自转向朱子学后便反复强调"敬"的重要性。那么,他到底是如何理解"敬"的呢?他在《敬斋箴讲义》中说:

> 云敬无须细言,只是不马马虎虎放此心,平生务必保持紧张,云敬也。きっと(务必)之字写作仂。又写急度,写急度二字则太严肃,就敬之工夫言,恐有助长之病。写仂字时,只是唤醒此心,此间无一物,活泼泼地当体也。若急度之工夫,则此心完全紧张,难以作用,无从容不迫之体。③

这里,暗斋解释"敬"为平生保持状态紧张,"敬"应该是在自发被唤醒的"心"上"无一物"的"活泼泼地当体"。按照朱子的解释,这里的"活泼泼地"是天理流行无凝滞之妙的形容。朱子用"活泼泼地"形容天理流行之自然造化,这里暗斋则用来形容"敬",认为"敬"应该是无凝滞不间断的。同时他又强调不能太过于紧绷,真正的"敬"应该是从容不迫的紧张状态。这是"心"要保持的"敬"之状态。

另一方面,暗斋强调除"心"要"敬"外,"身"也要"敬"。他认为程子门人谢上蔡的"常醒醒之法"与尹和靖的"心收敛"表达的都是"敬"的意思,但程子的"只整齐严肃,则心便意,一则无干非僻"最符合"主一无适"的解释。因为程子这句话表达了"身心兼持敬"的

---

① 据谷省吾的研究,此为山崎暗斋晚年所作的讲义,也是研究他神儒一致思想的重要资料。『垂加神道の成立と展開』国書刊行会、2001、300 頁。
② 西順藏等校注『日本思想大系 山崎闇斎学派』、80 頁。
③ 西順藏等校注『日本思想大系 山崎闇斎学派』、81 頁。

意思。关于"心身一致工夫"的"敬"，暗斋论述道：

> 儒者之工夫，心身共养持，以不外日用人事为旨。有此心便有此身动，有此身动即事也。此三者须臾不相离，共付一处也。故孔子曰：君子无不敬，以敬身为大。朱子则之于小学书敬身一篇，皆是心身一致之工夫也。①

暗斋强调"有心便有身动，有身动便有事"的"心""身""事"三者的须臾不相离。所以，朱子所谓的"敬身"，应该是心身一致的工夫。他又说：

> 动静无违，表里交正。如上，行步周旋之动，安然默坐之静，各无违法则，则表面之威仪容貌正，心上仡正物也，云心身全修者也。心身全明，五伦之间，五伦各得其所，则国家天下安平也。交字甚有意思。心一度正，身一度正，则时间无隔交。交者，心身一致共持也。②

综上所述，"心"是"身"之主。虽说心敬自然身修，但是不只需要心敬，身敬也非常重要。所谓"身敬"，就是指"口鼻耳目手足"及人的言行举动，也就是人的行为等，相对于"内心"的外在之"身"之"敬"。"敬"以"心之敬"为根本，可以说，无心敬则无身敬。同样，如果没有身敬，则心敬亦不能成为真正的"敬"。因此，要保持心身一致的"敬"。如果心身都能永远"居敬"，那么就可以到达人心之最原本的状态"仁"。作为一个虔诚的朱子学者，山崎暗斋几乎完全继承了程朱关于"敬"的思想，认为"敬"是修身养性的重要道德修养方法，且要保持心身一致之"敬"。对他而言，心身相共之"敬"才是真正的"敬"。

就理论框架而言，毫无疑问，山崎暗斋对"敬"的理解与把握是忠实于朱子的。不过，在"敬以直内，义以方外"的具体解释上，出现了不同

---

① 西顺藏等校注『日本思想大系　山崎闇斋学派』、82 页。
② 西顺藏等校注『日本思想大系　山崎闇斋学派』、93 页。

于朱子的理解。朱子哲学中，"敬以直内"的"内"指的是心，而"义以方外"的"外"指的是身。山崎暗斋则认为"内"指的是"身心"，"外"是"身"以外的，也就是个人以外的所有一切。以《大学》的八条目而言，"修身、正心、诚意、格物、致知"属于"内"，"齐家、治国、平天下"则属于"外"的范畴。[①] 有学者指出，这种不同于朱子的解释可以视为山崎暗斋的哲学自觉，且这种哲学自觉是偏重实践伦理的。[②]

第三节　神儒共通的"中"道论

"中和"是儒家哲学的重要概念，如何理解"中""和"的内在含义，并实现"致中和"，是历代儒学家探讨的重要课题。朱熹作为程朱理学的集大成者，在继承传统的基础上，系统地阐发并建构了一套以"中和"为人生目标及存在依据的"中和"哲学原理，可以说"中和"学说是朱子哲学思想发展与完成的关键。

而山崎暗斋"神儒兼摄"的身份，使他在面对中国经典时常常表现出作为一个处于日本时空下的诠释者的主体性思维。换言之，即他在面对中国经典时会呈现对日本本土文化的思考。本节试图对山崎暗斋对朱子"中和"思想的接受进行考察，在理学视域下对"中和"内涵进行分析的基础上，探讨山崎暗斋作为朱子学的虔诚信奉者以及神道思想的信仰者，如何理解朱子学的"中和"思想，并实现从朱子学语境到神道语境的转换。

一　朱子的"中和"论

"中和"二字，语出《中庸》"喜怒哀乐之未发，谓之中；发而皆中节，谓之和。中也者，天下之大本也；和也者，天下之达道也。致中和，天地位焉，万物育焉。""中和"问题，是理解《中庸》的关键，也是构建理学本体论方法论的关键问题。从杨龟山到李延平，道南学派极力推崇《中庸》的伦理哲学，尤其注重其中的"中和"之说。对师从李延平

---

① 关于山崎暗斋"敬内义外"思想的具体内容，参见衣笠安喜『近世儒学史の研究』，第96页；田尻祐一郎『山崎闇斎の世界』（ぺりかん社、2006），第169页；等等。
② 王玉强、陈景彦：《江户初期日本朱子学者的哲学自觉》，《学习与探索》2012年第6期。

的朱熹来说，"中和"问题自然成为他极力探究的主要课题。

关于"中和"，朱熹在《中庸首章说》中写道："'喜怒哀乐之未发，谓之中；发而皆中节，谓之和……'何也？曰：天命之性，浑然而已。以其体而言之，则曰'中'；以其用而言之，则曰'和'。中者，天地之所以立也，故曰大本。和者，化育之所以行也，故曰达道。此天命之全也。"[①] 这就是说，"喜怒哀乐之未发"是浑然天命之性，以其体而言又曰"中"，此"中"是道体，是"天下之大本"；"和"是喜怒哀乐之"发而中节"，是"情"，是"天下之达道"。若从"性情"来看，"中"即为性，以"中"来表性之不偏不倚；"和"即为情，以"和"来表发而中节之情。"中和"是对性情的形容。

若从"体用"来讲，则"中"为体，"和"为用。"中"是"大本"，即"道"之本体，是不偏不倚；"和"是"达道"，即"道"之发用，是无过不及。朱熹认为，喜怒哀乐未发之中，即不偏不倚；发而中节，无过不及即"时中"。他说：

　　盖不偏不倚，犹立而不近四旁，心之体，地之中也。无过不及，犹行而不先不后，理之当，事之中也。故于未发之大本，则取不偏不倚之名；于已发而时中，则取无过不及之义，语固各有当也。然方其未发，虽未有无过不及之可名，而所以为无过不及之本体，实在于是；及其发而得中也，虽其所主不能不偏于一事，然其所以无过不及者，是乃无偏倚者之所为，而于一事之中，亦未尝有所偏倚也。故程子又曰："言和，则中在其中；言中，则含喜怒哀乐在其中。"[②]

概言之，"中"是"和"的本体，是"和"的内在本质；"和"是"中"的流行发用，是"中"的体现。实际上"中"与"和"是密不可分的，所以程子才会说"言和，则中在其中，言中，则含喜怒哀乐在其中。"

朱熹还以"中"释"思虑未萌，事物未至"，"喜怒哀乐之未发"，"寂然不动"之"心"，并以此来论证心与性情的关系，提出其心性论。他说：

---

① 朱杰人、严佐之、刘永翔主编《朱子全书》第 23 册，第 3265 页。

② 朱熹：《中庸章句集注》，朱杰人、严佐之、刘永翔主编《朱子全书》第 6 册，第 548 页。

　　　然方其静也，事物未至，思虑未萌，而一性浑然，道义全具，
其所谓中，是乃心之所以为体而寂然不动者也。及其动也，事物交
至，思虑萌焉，则七情迭用，各有攸主，其所谓和，是乃心之为用，
感而遂通者也。然性之静也而不能不动，情之动也而必有节焉，是
则心之所以寂然感通、周流贯彻，而体用未始相离着也。①

　　思虑未萌，事物未至，为喜怒哀乐之未发，是人心所禀赋的天命浑
然之性，是心的寂然不动之状态，以其不偏不倚谓之"中"。当事物交
至时，思虑萌发，则喜怒哀乐之情便发，若发而中节，无所乖戾，便谓
之"和"，此时便是感而遂通的状态。"中和"是心的不同阶段。"中"
为性，为心之体，是寂然不动的；"和"为情，为心之用，是喜怒哀乐
已发而得其正，感而遂通的状态。
　　但朱子又指出，人常常为外物所诱惑，不能自定，从而使得"大本
有所不立，发而或不中节，则达道有所不行"，最终导致"虽天理流行，
未尝间断，而其在我者，或几乎息矣"情况的出现。为避免此种状况的
发生，人们应该如何做呢？这就牵涉到"致中和"的方法论问题。就如
何"致中和"，朱熹说：

　　　自戒惧而约之，以至于至静之中，无少偏倚，而其守不失，则
极其中而天地位矣。自谨独而精之，以至于应物之处，无少差谬，
而无适不然，则极其和而万物育矣。②

　　在此，朱熹将"中和"与"戒慎恐惧""慎独"结合起来，将"戒
慎恐惧"作为致中之未发涵养工夫，将"慎独"作为致和之已发察识工
夫。他认为，未发时"戒慎恐惧"以"致中"就能使"天地位"，已发
时"慎独"以"致和"就能使"万物育"。朱熹还提出了"敬以直内，
义以方外""涵养于未发，省察于已发"的修养工夫，他说：

---

①　朱熹：《答张钦夫》，朱杰人、严佐之、刘永翔主编《朱子全书》第 23 册，第 1419 页。
②　朱熹：《中庸章句集注》，朱杰人、严佐之、刘永翔主编《朱子全书》第 6 册，第 33 页。

　　盖敬以直内，而喜怒哀乐无所偏倚，所以致夫中也；义以方外，而喜怒哀乐各得其正，所以致夫和也。敬义夹持，涵养省察，无所不用其戒谨恐怯，是以当其未发，而品节已具，随所发用，而本体卓然，以至寂然感通，无少间断，则中和在我，天人无间，而天地之所以位，万物之所以育。①

　　这表明朱子主张内心工夫与向外工夫的结合统一，强调内外兼修、内外合一的修养方法。"敬义夹持，涵养省察"的修养方法，说明朱子在主张自我修养的同时，也强调对外在事物的省察。

　　朱子从"中和"问题出发，指出未发之中即为性，即为理，为心之寂然不动之体；已发之和即为中节之情，即为心之感而遂通之用。又根据周子的"心统性情"说进一步指出，心涵已发未发，兼体用，摄动静，从而确立了自己的心性论，并建立起一套关于"致中和"的"敬义夹持"修养方法论。

　　在朱子的哲学体系中，"中"是道体，"既是天下之理的共同本原，也是人生修为的本体根源和价值根据"；"和"是道体的发用，"是现实的人生作为与道体发用的固有法则、本质特征完全符合的理想状态"。②"中"为体，"和"为用，"和"的本质在于"中"。"中和"与"心""性情""理""体用""动静""敬义"等朱子学基本概念相关联，既涉及朱子哲学的本体论、心性论，又涉及其修养工夫论，可谓朱子哲学思想的基础。③

---

① 朱熹：《中庸首章说》，朱杰人、严佐之、刘永翔主编《朱子全书》第 23 册，第 3265 页。
② 程梅花：《论朱熹"致中和"的方法论》，《中国哲学史》2003 年第 2 期。
③ 因有"未发谓之中，发而皆中节谓之和"，故"中和"问题又称"未发已发"问题。朱子对"中和"问题的思考经历了"中和旧说"与"中和新说"两个阶段，这一变化历来被认为是朱子思想发展过程中的一个重要里程碑。在旧说中，朱子主张"心为已发，性为未发"；在新说中，朱子主张"心贯乎已发未发"。相应的，在修养方法上，朱子也由旧说的"先察识后涵养"改为新说的"涵养于未发，察识于已发"。但其旧说阶段只是朱子思想发展过程中的一个小阶段，在很短的时间内就被朱子推翻了。本节旨在探讨山崎暗斋对朱子"中和"思想的理解及接受，因此关于新说与旧说的区别不予讨论。

二　神儒共通的"中"之道

暗斋是一个虔诚的朱子学家，他认为朱子学是儒家之正统，并主张通过直接大量研读朱子学著作来把握其思想的精髓。他对门人说："我学宗朱子，所以尊孔子也，尊孔子以其与天地准也。（中略）故学朱子而谬，与朱子共谬也，何遗憾之有？"① 可见其对朱子的笃信程度。如前所述，"中和"学说可谓朱子哲学体系的基础，那么，这对于终身皈依朱子的暗斋来说，如何正确地理解朱子的"中和"观便成了他的重要研究课题。暗斋对于"中和"的重视程度从其《中和集说》的编纂便可窥见一斑。

宽文十二年，山崎暗斋摘录《朱子文集》《朱子语类》等著作中朱子关于"中和"及"性情"等的语句（也有部分程子的语句），共三十条，编纂成《中和集说》，以明朱子"中和"之义。由于《中和集说》仅是摘录朱子原语录，而没有暗斋自己的言论，所以很难从中发现暗斋的真实想法。但从《中和集说》的序言部分，可以认为暗斋的"中和"观基本上忠实于朱子的"中和"说。暗斋在《中和集说》序言中说：

薛敬轩曰：《中庸序》所谓要领，天命之性也，一书之理不外是，亦可谓知要领者矣。夫天命之性，合体用动静而言，未发之中，其体之静也，中节之和，其用之动也，斯义至精至密。朱先生犹不惑年，然后得之，遂定《章句》，为《辑略》，作《或问》，又特著《首章说》，以克己复礼论修道之教，于是乎窃有感焉。夫天命之性，具于人心，故存心养性，所以事天。而存养之性无他，敬而已矣。《易》曰：洊雷震，君子以恐怯修省。盖天之四德五行，为人之五脏五性，心火德而亨，雷鸣夏，礼属心。孟子云，恭敬之心，礼也。天人妙合之理如此。位育之功，其在于敬，不亦宜乎？周子以中为体为和，程子论中和，必以敬为言，先生尝举此以示人者，其指深矣。予尝读中和旧说序，知先生所见初终，惜哉其旧编不传

①　日本古典学会编『山崎闇斋全集』第 4 卷、82 頁。

也。仍为此编，名曰《中和集说》，乃书所感于卷端云。①

可见山崎暗斋基本上沿袭了朱子的"中和"思想，认为天命之性，合体用动静，"未发之中"是天命之性的"体之静"，"发而中节"是天命之性的"用之动"，"中"之道体现了"天人妙合"之理。故人应"存心养性"以事天，以"敬"为修养工夫"致中和"，便可实现天地万物"位育之功"。关于"致中和"的方法论问题，朱熹论及的工夫有很多，如"存养省察""敬义夹持""择善固执""戒慎恐惧""慎独"等，而在暗斋看来这些工夫范畴最终都可归结为一个"敬"字。

另一方面，随着神道研究的展开与深入，暗斋在神道经典中发现了与儒家"中和"之道相契合的"中"之道。他在1667年编著的《洪范全书》中说：

> 中之本然，有善而无恶，于是乎见焉。书所谓上帝之中，传所谓天地之中，而尧舜禹相传之中是也。我国封天地之神，号天御中主尊矣，伊奘诺尊、伊奘冉尊继神建国中柱矣。二尊之子，天照太神，光华彻六合，如大明中天，则授以天上之事，盖上下四方，唯一理而已矣。故神圣之道，不约而自符合者，妙哉矣。②

暗斋认为，儒家所说尧舜禹相传之"中"（即"中和"）亦存在于日本，日本天地之神之所以号"天御中主神"，其"中"字，传达的便是"中"之道、天地间唯一理，因此日本神道所传之道与中国儒家所讲圣贤之道是相通的，是"不约而自符合"的。可见，"神儒兼摄"的山崎暗斋对"中和"的思考，并没有停留在朱子学方面，而是从神道学的角度进一步展开了其关于"中"之道的探索。

暗斋对于神道"中"之道的探索始于其对神道经典"中臣祓"③ 的

---

① 日本古典学会编『山崎闇斋全集』第2卷、410页。
② 日本古典学会编『山崎闇斋全集』第3卷、353页。
③ "中臣祓"为日本神道祭祀中祝词（祷文）的一种，又称"大祓词"或"中臣祭文"。中世时期，随着其与阴阳道、佛教的结合，逐渐受到重视，尤其受到佛家神道及儒家神道的重视，出现了许多注释书，如《中臣祓训解》《中臣祓风水草》等。

关注。宽文九年九月暗斋东游江户（东京）途中参拜伊势神宫时，从时任伊势神宫大宫司的大中臣精长那里得到了"中臣祓"的传授。由东京回到京都后，暗斋便开始潜心研究"中臣祓"，并为其作注《垂加中训》。①

《垂加中训》的"垂加"二字，语出《造伊势二所太神宫宝基本记》、《伊势二所皇太神宫御镇座传记》及《倭姬命世记》中的天照大神的神托"神垂以祈祷为先，冥加以正直为本"，暗斋早在明历元年（1655）的《伊势太神宫仪式序》中就引用过这两句话。后来在宽文十一年，暗斋从吉川惟足得到"垂加"灵社的称号。"中训"二字，日语读作"なかのをしへ"，为"中之教义、中之教训"之义。可见，暗斋把"中臣祓"的核心意旨理解为"中"的教义、教训。他为"中臣祓"作注，并题为《垂加中训》的目的就是明确日本神道的"中"之道。由此可以推断，得到"中臣祓"的传授后，暗斋更加坚定了他在《洪范全书》研究过程中对神圣之间"中"之道"不约而自符"的信念。②

正如谷省吾所说，山崎暗斋在神道学的世界中思考"中臣祓"及天御中主神的神德时，发现了神道之"中"与朱子学之"中"理解的一致性。在编著《垂加中训》后的次年暗斋又编著《中和集说》，这应该不是一个偶然。③ 暗斋在"中"问题上找到了神儒之间的契合点。

由此可见，山崎暗斋在神道研究的过程中，受朱子学"中和"思想的启发，运用朱子学中的"中和"理论框架来重新理解神道经典。他试图把朱子学的"中和"概念转换成神道概念，并构建一套关于"中"的神道理论体系。

三　山崎暗斋关于"中"的神道论

山崎暗斋在《会津神社志》（1672）序文开篇处说："我倭，封天地

---

① 《垂加中训》是山崎暗斋关于"中臣祓"注释的未定稿本，现存于东京大学史料编纂所。根据谷省吾研究，该稿本写于宽文九年闰十月二十五日至宽文十一年八月十八日。参见谷省吾『垂加神道の成立と展開』，第124页。

② 虽然《垂加中训》只是一部未定稿本，与后来的神道大著《中臣祓风水草》所展现的神道理论有所区别，但也是暗斋神道思想形成过程中的一个重要阶段，是了解垂加神道思想的重要资料。另关于《垂加中训》与《中臣祓风水草》的比较，详见谷省吾『垂加神道の成立と展開』中的「『垂加中訓』と『風水草』の間」。

③ 谷省吾『垂加神道の成立と展開』、139頁。

之神，号天御中主尊。举天以包地，御尊辞，中即天地之中，主即主宰之谓，尊至贵之称。凡上下天地之神，皆此尊之所化也。"① 在此，暗斋首先从语源学的角度解释天御中主尊之意，"天"兼"地"而言，包含天地之意，"御"是尊称，"中"是天地之中，"主"有主宰之意，"尊"为尊贵之意。他将此神视为衍生天地间众神的本原之神。如前所述，这里所谓"天地之中"，便是尧舜禹以来圣圣相传的"允执厥中"之"中"。也就是说，在暗斋这里，天御中主尊这一尊号所体现的"中"便是"允执厥中"四字所表达的"中"。

他在《会津风土记》序中又说："自有天地而有我神国，而伊奘诺尊、伊奘冉尊继神建国中柱为大八洲，任诸子各有此境。（中略）日神以皇孙琼琼杵尊为此国之主，称曰丰苇原中国。丰苇原者，苇芽发生之盛也。中者，当天地之中，日月照正直之顶也。"② 这里，暗斋根据朱子《中庸章句序》里"盖上古圣神继天立极，而道统之传有自来矣"，解释日本神国之形成，说"伊奘诺尊、伊奘冉尊继神建国中柱为大八洲"，又解释皇统之地的丰苇原中国说，"中者，当天地之中，日月照正直之顶"。认为儒学所谓上古圣神继天立极之后而自有的道统之传，也存在于日本的古典中，其在神国有"国中柱"，其在皇国有"丰苇原中国"，日本的道统是自天御中主神以来神皇相传的"中"之道统。

暗斋认为，日本神道经典中处处体现着"中"之道，如天御中主尊之"中"，"国中柱"之"中"，"丰苇原中国"之"中"，皆是如此。除《日本书纪》《古事记》之外，同样被奉为神道经典的"中臣祓"也体现了此"中"之道。关于"中臣祓"之"中"，在前面介绍《垂加中训》的编纂时已有所论述。在这里再引用暗斋在其晚年大著《中臣祓风水草》的部分叙述稍作说明。

　　卜部抄曰，臣者富也。口传云，君中则臣富之意。故诸臣之臣独中臣之臣，训富也。嘉谓此说不可信也，中臣ナカツオミ也，ナカツオム也。ナカ者中之训，ツ者语辞，オミ、オム皆臣之训，ミ

---

① 日本古典学会編『山崎闇斎全集』第1巻、78頁。
② 日本古典学会編『山崎闇斎全集』第1巻、72頁。

ム同唇之音，トミ、トム皆ナカツオミ、ナカツオム之略语，ツヲ之反卜也。

嘉闻之，中者，天御主尊之中，此为君臣之德。此被述君在上治下，臣在下奉上，而不号君臣被者，以其德称君而表君臣合体守中之道，以号中臣被者也。

嘉谓，国常立尊，天御中主神同体异名也。然国之所以立，则帝王之任也，故为帝王之元祖也。《日本纪》国常立尊为首，此义也。中者，君臣相守之道也，故为君臣之两祖矣。①

暗斋批判《卜部抄》以及《口传》将"中臣"的"臣"解释为"富"，将"中臣"之意解释为"君中则臣富"。他认为"中臣"之"中"是天御中主尊之"中"，表"君在上治下"之道，"臣"是侍奉主君之"臣"，表"臣在下奉上"之道，"中臣被"的核心便是"君臣合体守中之道"。

然而，在暗斋看来，尽管两者之间都存在"中"之道，但这之间并非前后相继的关系，而是有着异曲同工之妙的不谋而合，是一种冥冥之中的神秘契合。天下唯一理，虽有汉土与日本的地域之分，但"神圣之道不约而符"。汉土的"允执厥中"之道，在日本则表现为天御中主尊之道、中臣被之道。天御中主神是一切神灵的本原之神，也是世间万事万物的本原，天御中主神就是"天下唯一理"，其"中"之道理，既包含儒教的"未发之中"，也包含"允执厥中"之道。

另外，值得注意的是，朱子所谓"允执厥中"之道是一种"内圣外王"之道，强调欲王者须先具内圣之德，方可行外王之道。而暗斋的天御中主尊之道则是一种"君在上治下，臣在下奉上"的绝对君臣关系，相对于君的"内圣"之修养，更注重臣的绝对忠君行为即"守中之道"的实践。他说："猿田彦神指示处，日守木之秘诀在于此矣。"②

---

① 日本古典学会编『山崎闇斋全集』第5卷、354—365页。
② 平重道·安部秋生校注『日本思想大系　39　近世神道论·前期国学』岩波书店、1972、137页。

暗斋将猿田彦神视为"日守木"的具体实践者。[①]所谓"日守木"，即臣在下奉护在上之君。猿田彦神奉命迎接天孙降临，为之指导路途，其中便体现了"日守木之秘诀"，体现了"守中之道"。

从君臣关系方面而言的"守中之道"，具体到实际践行来讲就是"敬"之道。猿田彦神之所以是"守中"的践行者，正是因为它集土德于一身，本身就是"敬"的体现者。对此，暗斋在《藤森弓兵政所记》中说：

> 敬云土地之味、云土地之务，猿田彦神得土德而为天下之先达。天地之间，土德合聚而位于中也，四时由此而行焉，百物由此而生焉，此倭语土地之味、土地之务之谓。所以训敬字也。[②]

暗斋认为，"敬"字从其读音ツツシミ（TSUTSUSHIMI）来理解的话，即为土地之味、土地之务的意思，因此"敬"就是五行中的"土"，而猿田彦神是得"土德"之神，所以它体现的是"敬"之道。

在他看来，"中"之道是"敬之道"，是"君臣合体守中"之道，是一种"君"与"臣"的政治行事准则。"君在上治下，臣在下奉上"，不论君还是臣，都要遵守这个"中"之道。

综上所述，暗斋将朱子学中的"中和"思想作为诠释神道经典的理论，完成了朱子学"中和"概念的本土化意义转换。他将朱子学中表示"未发之中"与"已发之情"的"中和"统一到了神道经典中的"天御中主尊""中臣祓"这里，并构建起一套关于"中"的神道理论体系。

但必须指出的是，在转换过程中，暗斋所接受的是更强调践行准则意义的"中"，而朱子学的"中"强调的是"道之体""未发之性"。也就是说，相比朱子学中更具本体论意义的"中"，暗斋神道论的"中"

---

① 猿田彦（サルタヒコ，SARUTAHIKO）是日本神祇之一，在日本神话中它曾经担任迎接天照大神的孙子ニニギ（邇邇芸尊，迩迩艺命）下降接管苇原中国的先导，所以后世也把它视为道之神。山崎暗斋非常重视此神，并根据《中庸》"率性之谓道，修道之谓教"，指出"道者日神之道，而教者猿田彦神之所导也"，将此神视为"守中之道"的典型实践者。

② 日本古典学会编『山崎闇斎全集』第1卷、82頁。

更偏向于"发而中节"的实践论层面，也就是说更偏向于"中和"之中的"和"。

另外，朱子学的"中和"与暗斋神道论的"中"尽管都被视为实际践行的德目，但朱子强调的是"内圣外王"，讲的是为君之道，欲王者须以"敬"的态度来对待"未发之中"，这是欲王者能为王的先决条件。而暗斋的"中"之道，强调的是"臣在下奉上"的为臣之道，其"敬"之道，则讲的是臣对君"敬"，讲的是臣要对君绝对忠诚、绝对服从。

作为"神儒兼摄"的思想家，山崎暗斋以朱子学的"中和"思想为线索，寻找神儒之间的共通性，主张"中"之道并非只存在于中国的儒家经典中，日本的神道经典中亦体现着"中"之原理。他认为日本天地之神的天御中主尊的"中"，即为尧舜禹三圣相传之"中"。他在继承朱子学"中和"思想的基础上，将"中和"概念运用到神道经典解释中，实现了从朱子学语境下的"中和"观到神道视域下的"中"的转换。

暗斋一方面是虔诚的朱子学信奉者，另一方面又是神道思想的信仰者，他试图在儒学与神道之间寻求共通性，而这种共通性并非建立在神道附和儒道的基础之上，它是普遍存在并在神儒之中各自体现的"唯一理"。正如他在《洪范全书》序文中所说："盖宇宙唯一理，则神圣之生，虽日出日没处之异，然其道自有妙契者存焉。"[1] 神圣诞生之地虽异，但贯穿于天地宇宙之间的"理"是一致的。也就是说，神道与儒道之间的共通性是一种冥冥之中的"妙契"，而非神道对儒道的附和。

"中"之道存在于儒学道统中，也存在于神道中。两者的各自表现不同。朱子学的"中"为"中和""允执厥中"之"中"，而神道的"中"则为"天御中主神""国中柱""苇原中国"之"中"。虽然表现形式不同，但其在根本上是统一的、相互契合的。

可见，山崎暗斋虽为朱子学的传道者，但他作为一个日本的神道学家，怀有强烈的民族主体性。他用儒学解释神道，以展现其本土文化的

---

① 日本古典学会编『山崎闇斎全集』第 1 卷、73 頁。

主体性。尽管解释经典的理论武器是儒学的，但其一切思考是以日本主体的神圣性思维为主的。

第四节   山崎暗斋的神话解释与朱子学

提起日本神话，人们首先可能会想到以《古事记》《日本书纪》中所记载的"记纪神话"为代表的古代神话。但实际上神话并不是一成不变地被后人传承，而是在不同的历史阶段被人们叙述成具有现实意义的不同形态。从思想史的角度看，从日本古代到中世、近世再到近现代，记纪神话在不断完成变化的同时也巧妙地映射着各个时期的思潮。

近些年，一些学者提出了"中世神话"（或称"中世日本纪"）这一新的研究角度。[①] 他们指出，所谓"中世神话"即为日本中世时期在对《日本书纪》的注释过程中被重新创造出来的、一种脱离了记纪神话原本面貌的新神话体系。这些研究不但开辟了一条不同于以往的局限于记纪神话的神话研究新路径，也促发了人们对中世思想史、宗教史的重新思考。

这一新的研究视角对近世宗教史、思想史的研究也提供了新的借鉴。正如在中世时期"日本纪注"过程中产生了中世固有的神话言说那样，其实随着中世向近世的推移，神话再次发生了变化，并以近世特色的新形态出现。但对于近世神话的研究，目前学界的关注主要集中在以本居宣长为代表的国学派。[②] 而实际上，国学派的神话解释可以追溯至近世

---

① 关于"中世神话"或"中世日本纪"的代表性研究主要有阿部泰郎「中世王権と中世日本紀の輪郭」『日本文学』1985 年 5 月号；「『日本紀』という運動」『解釈と鑑賞』1999 年 3 月号等一系列研究。近年有原克昭『中世日本紀論考——註釈の思想史』（法蔵館、2012），从注释的角度考证了中世新形成的日本纪特别是神代神话。这些研究指出，在这之前被认为是荒唐无稽、牵强附会的"日本纪注"，实际上是与"即位灌顶"这一中世王权礼仪相关的；也是在与伊势、吉田神道等神道言说相结合中，围绕"神"这一概念而形成的一个独具特色的中世"神学"。

② 在"中世神话"这一研究视角的启发下，日本学者齐藤英喜提出了"近世神话"概念。齐藤通过对本居宣长《古事记传》的解读研究，提出了近世神话研究的可能性。详见齐藤的一系列论文（「異貌の古事記—近世神話としての『古事記伝』」、2011 年 5 月；「近世神話としての『古事記伝』—『産巣日神』をめぐって」、2010 年 3 月）。但笔者认为本居宣长的神话解释实际上继承了近世初期儒学的神话解释，因此，厘清近世初期儒学家的神话解释是研究近世神话必不可少的一步。

初期的垂加神道。因此，厘清垂加神道的神话解释特色是日本近世思想史研究中不可缺少的一环。本节拟对山崎暗斋的日本创世神话即"天神七代"解释中的朱子学特色作一考察，以期进一步厘清朱子学在日本的接受与传播及其本土化建构。

一　近代以前日本思想史上的各神话阶段

近代以前的日本神话发展过程按照历史分期大致可分为三个阶段：记纪神话阶段、中世神话阶段、近世神话阶段。

所谓"记纪神话"，就是日本最早的两部史书《古事记》《日本书纪》中所记载的神话故事。其中，《古事记》成书于712年，由太安万吕编撰。全书共三卷，上卷为神代卷，主述"神代"之事，即日本众神之故事传说；中、下两卷主要记述"人代"之事，即自神武天皇至推古天皇时代的帝王之事。《日本书纪》成书于720年，由舍人亲王编撰，是日本现存史书中最古老的编年体正史书。全书共有三十卷，其中第一、二卷为神代神话的记载，其余二十八卷以史料为主，记载了自神武天皇至持统天皇时代的历史事迹。这两部著作的神话叙事部分合称为"记纪神话"。记纪神话是日本思想史上最原初的神话体系。另一方面，由于这两部著作拥有国家史书地位，其所记载的神话被赋予了至高的权威，此后各时期不同形态的神话都是以此为轴心而变化的，尤其是作为正史的《日本书纪》中的神代神话。

平安末期以后，支撑古代社会的政治、经济、宗教等各方面逐渐衰退，中世的新社会拉开帷幕。进入中世后，佛教得到了空前的发展。日本中世思想史上随之出现了作为日本本土神祇信仰的神道与作为外来宗教的佛教相互融合的"神佛习合"现象。而在这种新的思想背景下，佛教的新兴世界观成为人们对记纪神话进行解释的基础。在解释的过程中，神话与佛教学说"习合"，很多神格被置换，甚至神话的主题都被进行了大胆的改编。如倡导"本地垂迹"说的两部神道、山王神道等神道派系对记纪神话加入密教的解释，重新创造出无法还原至记纪神话原本面貌的、具有中世特色的新神话内容。"在中世这一时代层中不断发生演变与新生的'中世神话'世界正是反映了'中世'的时代思潮及其精神世

界的极佳的思想史产物。"①

进入近世以后，随着德川幕藩体制的建立，曾经从属于佛教的朱子学等新儒学渐渐脱离佛教的影响，发展建立起一套独具日本特色的儒教思想体系。相对于中世的"神佛习合"，近世思想史的一个重要特征便是"神儒习合"。以儒学理论来解释神代神话成为近世初期神话解释的新动向。这一时期的诸多儒学家，如林罗山、山崎暗斋、山鹿素行等都曾论及神儒一致。他们在潜心研究儒学的同时，也积极发展日本本土的神道思想，寻求儒学与神道的契合点。另一方面，当时的许多神道家们也积极地将儒学理论运用于神话解释，建立起一套具有较完整理论的神道体系，即所谓的"儒学神道"（如渡会神道、吉田神道、垂加神道等）。无论是儒学家还是神道学家，都运用儒学尤其是朱子学的理气论、天人合一、理一分殊等理论，对《日本书纪》《古事记》等古典所记载的神话进行重新武装，试图构建一套合乎当时社会文化要求的新神话体系。尽管这一新的神话解释现象后来被以本居宣长为代表的日本国学家攻击和摒弃，但实际上从思想发展的脉络来讲，近世后期的国学思想与这一时期神道理论的完善发展是一脉相承的。

二　暗斋神话解释中的朱子学思想

山崎暗斋运用儒学理论来解释日本神话，试图在神道与儒学之间找到一种平衡，并探寻神代神话的合理性。在考察暗斋对"天神神代"的神话解释之前，首先需要了解《日本书纪》神代卷中对"天神七代"的记述。②

1. 记纪神话中的"天神七代"

所谓"天神七代"是指记纪神话中所记述的天地开辟之际出现的诸神（共七代）的总称。其实，记纪神话中关于"天神七代"的记载很少，仅在文章的开篇处有所述及。

---

① 〔日〕苅部直等编《日本思想史入门》，郭连友等译，外语教学与研究出版社，2013，第 70 页。

② 无论是平安时期在宫中举行的讲书活动，还是中世佛教世界观影响下的各种注释，作为正史的《日本书纪》，一直是人们注释研究的重心。这种情况直至 1790 年本居宣长的代表作《古事记传》问世才得以改变。山崎暗斋的神话解释仍是以《日本书纪》为中心的。

《日本书纪》神代卷"本文"① 中是这样记载的：

> 古天地未剖，阴阳不分，混沌如鸡子，溟涬而含牙。及其清阳者，薄靡而为天，重浊者，淹滞而为地，精妙之合博易，重浊之凝竭难。故天先成而地后定，然后神圣生其中焉。（中略）于时，天地之中生一物，状如苇牙，便化为神，号国常立尊，次国狭槌尊，次丰斟渟尊，凡三神矣，乾道独化，所以成此纯男。次有神泥土煮尊、沙土煮尊，次有神大户之道尊、大苫边尊，次有神面足尊、惶根尊，次有神伊奘诺尊、伊奘冉尊，凡八神矣，乾坤之道，相参而化，所以成此男女。自国常立尊迄伊奘诺尊、伊奘冉尊，是谓神世七代者也。②

天地尚未开启、阴阳尚未分开时，宇宙整体还处于一个混沌的状态。后来，清阳的部分渐渐上升而成为天，重且混浊的部分渐渐下沉而成为地。天地生成后，神圣即从中而生。此时，出现的第一个神，号为国常立尊。随后，国狭槌尊及丰斟渟尊相继出现。这三个神，为乾道独化的纯男之神。然后，分别出现了第四代、第五代、第六代、第七代诸神。此处诸神为乾坤之道相参而化的男女之神。从国常立尊到伊奘诺尊、伊奘冉尊的七代诸神，即所谓的"天神七代"。如此，记纪神话的记载从阴阳分合的角度，阐述了天、地的形成及神的起源。

2. 山崎暗斋对"天神七代"的解释

记纪神话中虽然没有太多关于"天神七代"诸神的记载，但这段记述是探索世界本原的重要资料。尤其对于一直以来苦苦探索宇宙本体、世界本原的山崎暗斋来说，此段记载显得尤为重要。如何理解此段，既关系到暗斋对宇宙本原的关怀，也关系到他关于天地开辟、万物化生之神道论述的展开。

关于"天神七代"的出现，暗斋在《伊势太神宫仪式》序文中论述道：

---

① 《日本书纪》的记述，有正文叙述的"本文"与各种传说杂记的"一书"，此处的引用为"本文"部分。

② 坂本太郎等校注『日本古典文学大系 67 日本書紀』岩波書店、1993、77 頁。

原夫神之为神，初不有此名此字也。其惟妙不测者，为阴阳五行之主，而万事万物莫不由此出焉。是故自然发人声，然后有此名此字也。日本纪所谓国常立尊，乃尊奉之号也。国狭槌尊者，水神之号也。丰斟渟尊者，火神之号也。泥土煮尊、沙土煮尊者，木神之号也。大户之道尊、大苫边尊者，金神之号也。面足尊、惶根尊者，土神之号也。盖神一而随化称之也耳矣。然水火神各奉一尊号，所以分阴阳也。木土金神各奉二尊号，所以析阳中阴，阴中阳也。一而二，二而五，五而万，万而一，无方之体无穷之用，不亦妙乎。①

首先，关于"神"，暗斋认为，最初并没有"神"这一称谓，因"其惟妙不测，为阴阳之主"，且世间万事万物皆由此出，故"神"字之音，自然发于人声，而后始有此名此字。

另外，暗斋还将"天神七代"诸神与朱子学中的"阴阳五行"对应。他指出《日本书纪》中的"国常立尊"，是自然发于人声之"神"的尊奉之称，故此神为天地一气之神。第二代至第六代分别为水、火、木、金、土之神。第七代伊奘诺尊、伊奘冉尊为阴阳之神。水、火之神，因其分阴阳，故均只有一个尊号。而木、土、金之神，各有两个尊号，因为他们阳中有阴，阴中有阳。神之本原为一，而后一分为二，二又成五，五又变万，而万之根本在于一。万事万物便在这"一而二，二而五，五而万，万而一"中生成。这也正是"神"的灵妙不可测之处。

山崎暗斋将"天神七代"诸神与朱子学中的"阴阳五行"相对应，借用阴阳五行化生万物的理论来解释神代神话，试图在日本本土认知下探讨世界本原问题。

3. 暗斋神话解释中"天神七代"与"阴阳五行"之对应关系

从上可知，山崎暗斋的神话解释中明显贯穿了阴阳五行的思想内容。朱子继承发展周敦颐《太极图说》中"无极—太极—阴阳五行—万物化生"的思路，以此说明宇宙构成以及万物化生，进而论述人生、社会、

---

① 日本古典学会编『山崎闇斋全集』第 1 卷、68 頁。

道德、心性。朱子又将此说与二程认为"理"是天地万物之本原的理学思想相结合，提出"太极即理""无极而太极，只是说无形而有理"，将"理"等同于"太极"，认为宇宙之所以为宇宙、万物之所以为万物，有一个始终贯彻如一的原动力之"理"。"理"是形而上的、永恒不变的，是宇宙万物化生的根源和道德本体的基础；而"阴阳""五行""万物"则皆属于"气"的范畴，是形而下的。宇宙天地之间，有此"理"与"气"的结合，方有万事万物。

根据朱子的阐释，《太极图》中的"太极"是超越性的、形而上的终极原理。太极以下的阴阳、五行、万物，为形而下的具体存在的东西。朱子用"理"与"气"概括了这两个范畴，指出"太极"是"理"，阴阳、五行、万物是作为实体的"气"。他还指出："太极非是别为一物。即阴阳而在阴阳，即五行而在五行，即万物而在万物。只是一个理而已。"① 太极与阴阳五行是密不可分的。太极只是一个理，它蕴含于万事万物中。作为宇宙万物之规律性的"理"并不是超越性地发挥作用，而是附着在"气"之上来体现其实在性。在这一意义讲，"理"既超然于万物之外，又内在于万物之中，不具有"作为一物的存在性"，② 不具备诞生万物的功能；具备创造万物功能的是"气"，即"阴阳五行"。

作为一个虔诚的朱子学家，山崎暗斋继承了朱子学关于阴阳五行生成万物的观点，认为正是阴阳五行之气创造出了天地万物。同时，他还从神道的立场解释说，能够生成天地万物的阴阳五行之能量，实际上就是《日本书纪》神代卷中所出现的第一代神国常立尊。暗斋在《垂加社语》中将"天神七代"与"阴阳五行"相对应，指出"天神第一代者天地一气之神，自二代至六代此为水火木金土之神，第七代则为阴阳之神"。③

山崎暗斋运用朱子学中的"五行""阴阳"概念对"天神七代"进行了解释。与《太极图》相较，在暗斋的解释中，"阴阳"与"五行"并非顺序颠倒，而是在二代至六代的五行之神已有阴阳，阴阳动静产生了五行之神。而将第七代神伊奘诺尊、伊奘冉尊奉为阴阳之神，是因为

---

① 黎靖德编，王星贤点校《朱子语类》，第 2371 页。
② 〔日〕沟口雄三：《中国思想史：宋代至近代》，龚颖、赵士林等译，三联书店，2014，第 45 页。
③ 井上哲次郎等监修『垂加神道』上卷、春陽堂、1935、3 頁。

此二尊神兼造化与气化，造化而言二神为阴阳之神，气化而言二神为男女之神。此处与《太极图》中的"乾道成男，坤道成女"相对应。

暗斋对"天神七代"的解释明显援用了《太极图说》中"无极而太极，太极动而生阳，动极而静，静而生阴，静极复动，一动一静，互为其根……阳变阴合，而生水、火、木、金、土……二气交感，化生万物"的宇宙生成论。[①] 太极阴静而生水，故水中阴盛；太极阳动生火，所以火中阳盛。所以"天神七代"中的水、火之神均只有一个尊号，以此来表示阴与阳之分。太极继续运动，木、金、土兼有阴阳二气。木为阴中之阳，金为阳中之阴，土居中，含阴阳。故木、金、土各有两尊号，以示阴中有阳，阳中有阴之理。最后第七代上承天地之阴阳、下接人间之男女，故为阴阳男女之神，各有两尊号，以示乾道成男、坤道成女之理。

表 2 - 1   天神七代与阴阳五行之对应关系

国常立尊（第一代）	天地一气之神	阴阳未分化
国狭槌尊	水之神	阴盛（阴阳之分）
丰斟渟尊	火之神	阳盛（阴阳之分）
泥土煮尊、沙土煮尊	木之神	阴中之阳（阴阳之合）
大户之道尊、大苫边尊	金之神	阳中之阴（阴阳之合）
面足尊、惶根尊	土之神	阴阳各半（阴阳之合）
伊奘诺尊、伊奘冉尊	阴阳之神	阴阳分离

从儒学（朱子学）的角度讲，太极动静生阴阳，阴阳变合生五行，五行生化万物，天地万事万物皆出于阴阳五行。而从神道立场讲，混沌处生天地一气之神，而后阴阳变合生二代至六代神，第七代神兼阴阳男女，衍生万事万物。暗斋据此构建了垂加神道所主张的"天人唯一""神人一致"思想，这也恰与儒学主张的"天人合一"思想相呼应。如此，暗斋直接将朱子学的万物生成论套用到他的神话解释中，成为其解释神代神话的理论依据。

然而，这种直接借用朱子学理论解释神代神话的做法，是否完全可行？朱子讲《太极图说》，讲万物生成，必然离不开"理"，如果"天神

---

① 谭松林、尹红整理《周敦颐集》，岳麓书社，2002，第 17 页。

"七代"对应着阴阳五行的话，朱子学中属于"理"的范畴的"太极"该如何理解？在神代神话中，第一代神国常立尊是否等同于"太极"？又该如何处理"神"与"理""气"的关系？

三　"神"是"理"还是"气"？

日本学者高岛元洋认为，国常立尊便是暗斋神道论中的终极之"理"，在国常立尊之后相继出现的诸神表示阴阳五行的生成。① 但从暗斋的解释来看，国常立尊是具有化生万物功能的主宰神。故从朱子学理论来讲，国常立尊并非理气论中形而上的"理"，而应该属于有具体功用的"气"的范畴。只是作为天地开辟之时的第一代神，"理"自然蕴含其中罢了。这一点从暗斋在《会津神社志》序文的论述中可以看出：

> 抑天下万神，天御中主尊之所化。而有正神，有邪神，何耶？盖天地之间唯理与气，而神也者，理之乘气而出入者。是故其气正则其神正矣，其气邪则其神邪矣。人能静谧守混沌之始，祓邪秽，致清明，正直而祈祷，则正神申福焉，邪神息祸焉。岂可不敬乎。②

暗斋神道论中，天御中主神为国常立尊的异名同体之神，天御中主神即国常立尊。在这里，暗斋提出这样一个问题：既然天下万事万物皆由天御中主神所化，那么又何以有正神、邪神之分呢？他自答道，天地之间唯有"理"与"气"，而"神"便是"理之乘气以出入者"，故气正则神正，气邪则神邪。暗斋用朱子学的理气论来说明了神有正邪之分的原因。由此可见，在暗斋这里，"神"并非"理"本身，而是"理之乘气以出入"的"理"与"气"的综合体。

而朱子亦曾以理气论鬼神，指出"鬼神只是二气之屈伸往来""鬼神只是气，屈伸往来者气也"，③ 认为鬼神属于气之范畴。朱子又论鬼神说："鬼神者，造化之迹也。神，伸也。鬼，归也。言鬼神，自有迹者而

---

① 高岛元洋『日本朱子学と垂加神道・山崎闇斋』、497 頁。
② 日本古典学会编『山崎闇斋全集』、79 頁。
③ 黎靖德编，王星贤点校《朱子语类》，第 34 页。

言之。言神，只言其妙而不可测识。"① 暗斋在《伊势太神宫仪式》序文中所谓"其惟妙不测者，为阴阳五行之主，而万事万物莫不由此出焉"，应是对朱子言说的援用。

然而，就是否可将"神"完全视为"气"，朱子又说："神是理之发用而乘气以出入者也。故易曰，神也者妙万物而为言者也。但恐却将神字全作气看则又误耳。"② 有"气"则有"理"，有"理"亦有"气"，"理""气"合一，二者不杂亦不离，因此不可将"神"全作"气"看。暗斋所谓"天地之间唯理与气，而神也者，理之乘气而出入者"亦应出于此。只不过，他将朱子视为"气"之范畴的"理之发用"改为"理"。

可见，暗斋更强调"神"为"理""气"的合一。"天神七代"中，第一代为天地一气之神，是万事万物发生的始源；第二代至第六代为五行之神；第七代上承天为阴阳之神，下接人间，为男女之神。"阴阳五行化生万物，气以成行，理亦赋焉"，暗斋从理气合一的角度论述了"天神七代"化生万物。就这样，在"天神七代"与"阴阳五行"的对应中，山崎暗斋构建了一个与儒学相对应的万物化生理论，即国常立尊—第二代至第六代（五行之神）—第七代（阴阳、男女之神）—万事万物生成。

而对于《太极图》中最上圈的"太极"（即"理"），暗斋并没有在神话中找到对应，而是以"神也者，理之乘气而出入者"的理气合一观带过，未作进一步的论述。从这一神话解释行为来看，较朱子强调"理"之超越性的理气观，暗斋更强调"理"之内在性，作为万物之本原的"国常立尊"非仅是形而上之"理"，而是"理""气"的妙合之体。

暗斋关于"天神七代"与"阴阳五行"的对应论，实际上是他朱子学家立场与神道学家立场的折中表现，或者说是他作为一个日本的朱子学家，试图从儒学的角度重新发现"日本"。亦可以说这是朱子学的"日本化"表现。因此，用具有生成万物功能的"阴阳五行"来对应日本最初出现的"天神七代"，是暗斋寻找神道与儒学之间契合点的重要

---

① 黎靖德编，王星贤点校《朱子语类》，第 1548 页。
② 朱熹：《答杜仁仲》，朱杰人、严佐之、刘永翔主编《朱子全书》第 23 册，第 3002 页。

方法依据，也是他谋求神道理论化发展的重要途径。

对于暗斋的神话解释，朱谦之评论道："这完全是附会宋儒《太极图说》来讲日本的神代史，完全暴露了神秘主义的牵强附会与荒唐之极的本质。"[①] 诚然，山崎暗斋的神话解释难免有牵强附会之嫌，但如前所述，神话会在不同环境及思想要求下被重新解读、创造。同中世神话体系的确立一般，近世神话亦是在对记纪神话的解释过程中被重新构建出来的一个独具特色的新神话世界。相对于中世神话所表现出来的"牵强附会、荒唐无稽"的"神学"色彩，近世神话，尤其是近世初期神话，受儒学本体论的影响，更关注对世界本原、万物生成的本体性探讨。山崎暗斋从阴阳五行化生万物的角度解释"天神七代"，表明进入近世后，受儒学本体论的影响，思想家们开始关注宇宙形成、万物化生等方面的理论构建。与此同时，如何更加合理地解释说明这些问题，逐渐成为他们知识探索的重要课题。

---

① 朱谦之：《日本的朱子学》，第 306 页。

第三章 贝原益轩的神儒并行不相悖论

贝原益轩的思想经历了由佛教向圣人之道、由朱陆兼学向纯朱子学的两次转变。如其他的儒者一样，转向后的益轩虽对佛教予以了激烈的批判，对神道却表现出了极大的关心。据记载，他于贞享元年（1684）三次拜访吉川神道的创始者吉川惟足。第二年，他写下了《神儒并行而不相悖论》。元禄四年（1691），对该文进行了增改。元禄末期，益轩又写下了《神祇训》，该书集中反映了他的神道观及神儒一致思想。

第一节 贝原益轩的生平与思想历程

贝原益轩，名笃信，字子诚，号益轩（始号损轩，八十岁以后改号益轩），1630 年生于筑前国（今福冈县）。当时正是德川幕府第三代将军家光执权的时代，幕府统治已经基本稳定，权威行于天下，文教方面也得到充分发展，朱子学在林罗山等的推崇下作为官学成为幕府政教的中心。益轩是一位博学多才的大儒，不仅精心研读朱子学，在实学方面也出类拔萃。

益轩的父亲是筑前国福冈侯侍医。益轩年幼时母亲、继母相继去世，由家里的女佣养大。他年幼便喜好读书，据说他自学了日语假名，喜欢阅读草子类书籍①，还向别人借了《平家物语》《保元物语》《平治物语》《太平记》等来阅读。而且，年幼时期益轩便已充分理解数学书《尘劫记》，外人皆对其聪明伶俐惊叹不已。另外，益轩自幼受其父宽斋熏陶，掌握了一些医药知识，同时自己阅读了《医学正传》《医方撰要》等医学书籍，这为他后来的本草学研究打下了一定的基础。益轩十四岁时，跟随其兄存斋学习四书的句读，这是他最初接触学习四书的句读。与其他儒者相比较，益轩学习四书的年龄较晚。

---

① 草子，日语汉字又写作草纸、双纸，是用日语假名写的故事、日记、和歌等的总称。

庆安元年（1648）十八岁时，益轩始效命于筑前藩，成为黑田忠之的侍从。庆安三年（1651），因惹怒藩主，被免职而沦为浪人。七年后，益轩由第三代藩主黑田光之召回，成为藩医，再次出仕。次年，奉藩命前往京都游学。在京都游学期间，益轩访问了松永尺五（1592—1657）、山崎暗斋、木下顺庵（1621—1698）等当时已经颇负盛名的儒学前辈，并听了他们的讲学。益轩的京都游学持续了七八年。宽文四年（1664）春，三十五岁的益轩回藩后，在藩内讲授朱子学。也是大约从这个时候开始，益轩陆续写了许多朱子学相关著作。宽文八年（1668），益轩与夫人东轩结婚。宽文十一年冬，奉命编纂《黑田家谱》，至贞享四年（1687）完成，共花费了十七年的时间。元禄元年（1688），得到了编纂《筑前风土记》的许可。

元禄五年（1692）夏，六十三岁的益轩，奉命前往江户，途中游览了山阳近畿东海各地的名胜。到达江户后，与江户的儒学家们谈论儒学，并参观了孔庙大成殿。同年冬天回藩。益轩往来江户共十二次，这是他的最后一次。元禄十一年（1698）春，益轩与夫人东轩巡游京都，在京都待了一年半，于次年秋归藩。益轩前后访问京都共二十四回，这是他的最后一回。

元禄十三年（1700）秋，益轩辞去藩职，开始专心著书立说。十多年间，著书多达四十部。如《筑前国续风土记》（1703），《五常训》《君主训》《养生训》等"训类"著作，以及《大和本草》（1708）、《自娱集》（1712）、《慎思录》（1714）、《大疑录》（1714）等代表性著述都是在此期间完成的。

贝原益轩的思想经历了由佛教向圣人之道、由朱陆兼学向纯朱子学的两次转变。据朱谦之研究指出，贝原益轩少时读医书，略通药方，且此时好读佛书，后受其仲兄存斋影响悟浮屠之非，弃佛而始信圣人之道。自此以后益轩抨击佛教，倡导排佛论。这时的益轩对圣人之道的理解既有朱子学的影响，又有陆王之学的影响。① 朱陆兼学是益轩思想形成的第二个阶段。

三十六岁时，益轩读了陈清澜的《学蔀通辨》后，思想再次发生了

---

① 朱谦之：《日本的朱子学》，第 247 页。

转变，他自称"遂悟陆氏之非，尽弃其旧学"，[①] 从而彻底转向朱子学，成为朱子学的信奉者。此后，贝原益轩以一个纯然朱子学派人物的身份走上了朱子学研究之路。转向后的益轩极力推崇朱子学，视朱子为儒学正统，是继孔孟之后开导后世学问的真正儒者。他指出，"后世之学者知经义者，皆朱子之力也"；[②] "朱子诚是真儒，可谓振古豪杰也"。[③] 另一方面，如其他的儒者一样，转向后的益轩对神道表现出了极大的关心。

益轩还是一位成绩卓越的实学家。他注重自然研究的实证性及合理性，这也是他学术思想的一大特点。换句话说，益轩并不只是一位普通意义上的朱子学者，而是将朱子学所具有的实证性及合理性即所谓的"穷理"运用到自然研究领域，并在此领域开辟了一条新路的实学主义者。《筑前国续风土记》就是他基于对乡土地志的实证性调查研究而完成的。

第二节 贝原益轩对朱子学的怀疑与转化

一 对朱子学的继承与批判

益轩虽倾心于朱子学，但随着对朱子学研究的日益加深，他也开始对朱子学本身产生了一些疑问。据说他在四十岁时就向江户的朱子学者谷一斋提出过对朱子学的疑问。[④] 但从《大疑录》的自序来看，益轩明确自觉到对朱子学的疑问是在五十岁以后。而真正将他对朱子学的怀疑述诸笔端是在其人生的最后一年正德四年（1714）。在这一年，他完成了集中反映他对朱子学的怀疑与批判的《大疑录》两卷。

在该书中，益轩对朱子学的太极无极说、理气二元论、性即理说、本然气质二性论、主静的修养工夫论等理论提出了怀疑。他指出：

> 宋儒之说，以无极而为太极之本，以无为有之本，以理气分之

---

① 井上哲次郎『日本朱子学派之哲学』富山房、1905、266 页。
② 井上哲次郎『日本朱子学派之哲学』、227 页。
③ 井上哲次郎『日本朱子学派之哲学』、256 页。
④ 王家骅：《儒家思想与日本文化》，第 94 页。

为二物，以阴阳为非道。且以阴阳为形而下之器，分别与天地之性与气质之性以为二，以性与理为无死生，是皆佛老之遗意，与吾儒先圣之说异矣，学者不可不精证明辨也。且论守心法，曰主静，曰静坐，曰默坐澄心，体贴天理，以静坐为平生守心之工夫，是皆偏于静，而不能时动时静，即是禅寂习静之术，非儒者之所宜言也。且论心体为虚灵不昧，论天理为冲膜无朕，此佛老之遗意，与孔孟之所教异矣。①

然则宋儒之学，虽近纯正，然未能造圣人。则其偶有偏僻者，亦其所也。岂可必为无偏僻而尽信之乎。圣人之道，诚大中至正，其执德也为弘，其为行为有全功。其下焉者，虽圣哲者，恐不能全备。宋儒之学，虽纯正，亦未到达圣处，宜乎不免有偏僻也，故其说往往有与孔孟之教不同者，以无极为太极之本，以理气决为二物，判断天地之性气质之性，分之为二，以一阴一阳为非道，以阴阳为性而下之器，以所以一阴一阳者为道，以气与体为有死生，以理与性为无死生，以静坐为常时工夫，以主静为立人极之工夫，且以孔子之说性与孟子之说性为气质天地之异，此皆意之所以不能无疑也。②

益轩对宋儒将无极作为太极之本、以无视为有之本、以阴阳为非道、区分天地之性与气质之性等观点提出了质疑，认为这些观点皆来自佛老之说，而非为孔孟之道学正统之说。同时他指出，宋儒之学虽已是纯正之学，但尚未达到圣人的境界，因此其学问有"偏僻"，也是情有可原的，但在学习的过程中，应该有所疑，有所取舍，而不能完全相信。

1. 益轩的理气观

众所周知，在朱子学体系中，宇宙万物皆由"理""气"构成，其中"理"是万物生成的依据及法则，"气"是构成万物的材料。"理"先"气"后，"理"决定"气"的存在形式。天地之间只有一"理"，此"理"是世界万事万物的最初根源，具有统一性、普遍性。同时，此"理"又分散在万物中，万物各具一"理"。万物各具之"理"是本体之

---

① 井上哲次郎编『日本倫理彙編　卷之八』育成会、1903、210頁。
② 井上哲次郎编『日本倫理彙編　卷之八』、222頁。

"理"的体现，这便是"理一分殊"。理气二元及理一分殊是朱子学思想的核心，然而，这也成为益轩批判朱子学的焦点。

贝原益轩否认朱子学理气二元论，主张理气不可分论。他认为："理即是气之理，一气之行于四时也，生长收藏而不变乱者，自顺正不乖戾，故理须就气上认取。"①

首先，关于"理"，朱子认为"无极＝太极＝理"，而益轩的理气不可分论，否定了朱子"太极＝理"的观点中"理"的先在性、超越性，认为无极而太极之说是佛老之言，并将太极作为"一气混沌"。他说：

> 窃谓太极，是阴阳未判，万物未生时，一气混沌之名。然而有至理而存焉。是言天地万物，皆以之为本。故不言无而言有，所谓易有太极者也。无极而太极，是本佛老之言，分明谓有自无而生也。《老子》第四十章曰："天下之物生于有，有生于无。"盖以无为万物之本，且以为宗者，是佛老之说也。以有为万物之本为宗者，是圣人之教也。故有无之说是吾道与外道之所由分，不可不慎审也。②

益轩明确指出，太极是阴阳未判、万物未生之时的一气混沌，理存在于其中，天地万物皆以此为本。所谓太极而无极、有由无而生的观点是佛老之说，而非圣人之教。以有为万物之本，才是真正的圣人之教。太极是阴阳未分时的一气混沌，太极动静生阴阳，所以阴阳是太极既分之后之名，太极即阴阳。所以他又说：

> 盖太极一气混沌，阴阳是太极既分之名，其实非有二也，因太极之动静，而阴阳分焉，则阴阳之流行，亦可谓太极之理。故《易》曰："一阴一阳之谓道。"（中略）所谓一阴一阳者，以一气之动静，一为阴一为阳，交流行而不息言之也。故以混沌时名之谓太极，以流行之言名之谓道。其实一也。道则太极之所流行，太极则一气未流行之尊号，非有二也。③

① 井上哲次郎編『日本倫理彙編　巻之八』、237 頁。
② 井上哲次郎編『日本倫理彙編　巻之八』、229 頁。
③ 井上哲次郎編『日本倫理彙編　巻之八』、238—239 頁。

　　阴阳流行便是太极之理。太极是混沌之时的名称，阴阳是太极既分之后的名称，而从阴阳之流行来讲，则称为"道"。所以在益轩看来，太极、阴阳、道，其实都是一种东西，只是表现形式不同而已。益轩又从"天地之间唯有道而已"的道一观出发来思考理与气，论证了道即理、理气不可离合的观点。他在《慎思录》中论述道：

　　天地之间，只有一个道而已矣，更有何物乎哉。或曰：阴阳是与道相对，何言只有一个道而已乎。曰：阴阳亦是道中所备之物，莫非道。道者，天地之主宰（以所统而言），阴阳之纲纪（以所经纬错综而言），万物之根底（以所生而言），人身之德行（以所禀受与所奉循而言）。天地者，道之轮廓也（以所在而言）。阴阳者，道之权力也（以运用而言）。四时者，道之流行也（以转化而言）。万物者，道之形体也（以所寓而言）。道也者，所以主宰天地，总摄阴阳，化生万物者也。以其流行谓之道，以其主于气而有条贯，又谓之理。其实道与理一也。以有其所指异名耳。此理为阴阳之主而不相离。理之有气，犹人之有四体，故言理，则气在此其中，而不可离合。盖无无气之理，又无无理之气，理与气，一而二，二而一，可谓同而异也。①

　　天地之间只有一个道，道主宰天地，总摄阴阳，化生万物，是万物之根底，人身之德行。所以道与阴阳并非相对，道是阴阳之流行。而道又主于气，使流行有条贯，故又谓之为理。道即理也。理是阴阳之主，无论何时，理都是气之理，气是理之气，不可言离合。所以在益轩看来，道、理、气、阴阳，其实都是同一物，只是名称不同而已。

　　益轩指出，理与气不可离合，自然也无先后：

　　夫天地之间都是一气。（中略）理气决是一物，不可分而为二物焉。然则无无气之理，又无无理之气，不可分先后。苟无气则何理之有。是所以理气不可分而为二，且不可言先有理而后有气。故

①　井上哲次郎编『日本倫理彙編　卷之八』、101頁。

不可言先后。又理气非二物，不可言离合也。盖理非别有一物，乃气之理而已矣。（中略）故理气根是一物，以其运动变化有作用，而生生不息，谓之气。以其生长收藏，有条贯而不紊乱，谓之理。其实一物而已。[①]

这里，益轩首先提出了他的理气观——天地之间都是一"气"，进而对朱子的理气二分论予以否定。他明确指出，理气根是一物，从其运动变化有作用且生生不息这方面而言称之为"气"，而若从其生长收藏有条贯而不紊乱方面而言则称之为"理"。理是气之理，气是理之气，不分先后，也不可言离合。因此，不可将理气分为二而论。

在益轩看来，无论是太极、阴阳，还是道，都属于"气"的范畴；道是阴阳二气之流行，与"理"为一。"气"具有生生不息之德，是万物生成的基础，因此，先于"气"而存在的独立精神实体"理"是根本不存在的。也就是说，按照益轩的观点，宇宙万物生成的根源是"气"而不是"理"。朱子学中作为万物生成存在法则的形而上的"理"被置换成了四时行，万物生的"条理"。

综上所述，益轩理气论的特点可以归纳如下。首先，益轩仍肯定"理""气"之名，但他反对将"理"与"气"视为两个各自独立的实体的二元论，认为"理"与"气"不可言离合，不可言先后，强调两者的相即不离。其次，益轩主张的"理气为一物"，强调的是"理是气之理"。益轩的这一观点，与其说是着重"气"的一元性而无视"理"，不如说是借由"理气一体"来强调"理"的活动性与具体性。也就是说，"理"必须内化于"气"，才是"理"之本然。[②] 可见，益轩批判朱子"理气为二物"的观点，进而强调"理气一体""理气一元"。总之，益轩的这种理气观，并未否定作为普遍客观的"理"的存在，只是较朱子学中强调作为万物生成法则的"理"，他更强调内在于"气"、使四时行万物生的"条理"。这一观点，使得他更重视朱子格物穷理方法的实践，

① 井上哲次郎编『日本倫理彙編 卷之八』、239 頁。
② 详见林月惠《罗钦顺与日本朱子学》，《湖南大学学报》（社会科学版）2012 年第 1 期。该文中，林氏通过比较研究贝原益轩对罗钦顺理气观的接受，指出了益轩理气观的三个特点，并认为益轩强调"理是气之理"的"理气一体"观不属于气一元论的范畴。

也使他的学问向天文学、地理学等"科学"与本草学、博物学等"民生日用"的"实学"方向发展。

2. 益轩的"性"论

朱子在继承张载、二程的基础上，将人性论与理气相贯通，认为"性"有"本然之性"与"气质之性"之分，本然之性由理决定，气质之性由理气混合决定。故本然之性纯粹至善，而气质之性则有善有恶。益轩否定了朱子的说法，主张性一论，认为气质之性来自天地自然，就是天地之性。他在《大疑录》中提出：

> 愚谓：性者一而已矣。不可分天地气质之性为二。其理一者，言性之本然，其理一也。同是一也，性之杂糅，其分殊也，人皆可以为尧舜。其分殊者，禀二气之生质各殊也。故曰：性相近，习相远。是以上智与下愚不移，气之者性之本义。以所受天而言之，天地之性亦是所禀受之本然，非有二性；然立二名者，恐嫌有二性，不如以理一分殊说之，易简而无疑惑也。盖本然者，则是气质之本然也，气质亦是天之所命，非有二性。①

益轩反对朱子的性即理说，认为本然之性与气质之性同出一源，都源于气，所以本然之性即气质之性，气质之性亦本然之性。朱子通过区分本然之性与气质之性，解释了善恶的存在。那么主张性一论的益轩又是如何解释善恶的呢？他指出：

> 盖物之不齐者，物之情也，所以有万殊也。夫性者，受于有生之初者也。天之降命固是善，其初无有不善，是一本也。然既成之而有性，则其初受气时，自有清浊厚薄之不齐矣。既禀受而在人身，则各一定而成性，故圣愚之初自不同。宋儒示人，欲其详审。故以理气为二物，且分天地之性与气质之性为说，所以分拆大过也。②

---

① 井上哲次郎編『日本倫理彙編　巻之八』、213—214 頁。
② 井上哲次郎編『日本倫理彙編　巻之八』、214 頁。

在益轩看来，阴阳二气本是纯粹至善，所以禀受气而成的性在一开始也只是善。只是每个人诞生之初所禀受的气有清浊厚薄之不同，从而造成性有善有恶。在这里，益轩把朱子的"理一分殊"替换成了"气一分殊"，解释了人性的不同。

另外，朱子不仅主张人性二分论，还依据作为超越性存在的理，将人性永恒化。认为性就是理，理是永恒的超越性存在，所以人身虽有生死，但性无生灭。对此，益轩则根据自己的理气观，提出了相反的观点：

> 窃谓人身气禀则生焉，气散则死焉，性者人所受天之生理也，理者天之理也，非有二也。苟身死则生之理亦何处在耶？盖人身以气为本，理即气之理，故生则此理在焉，死则此理亦亡矣。故无身死而性存之理。[1]

在理气论方面，朱子主张理气二元，理在先气在后；益轩则从理气不可分论角度论述理气无先后，无离合，理在气在，更进一步主张气一元论。理气论融贯至人性论时，朱子主张性分本然之性与气质之性，所以虽人身有死生，而本然之性无死生；益轩则主张"性者一而已矣"，不可分本然之性与气质之性，理依附气而存在，故人死性亦亡。

3. 对"穷理""居敬"的转化

以"理"为中心的朱子主张"存心持敬"与"格物穷理"并重的认识论。朱子提出："主敬以立其本，穷理以进其知。"他认为，要达到"圣贤"领域，体认事物本体之"理"，须以"存心持敬""格物穷理"为不可偏废之两翼。"持敬"是一种认识主体的修养，通过"持敬"，人可以确立自己的内心，从而"立其本"。"穷理"就是要"知事物之所以然与所当然"，指对一切外部事物穷尽其"理"，从而"进其知"。

益轩非常重视"穷理"。他指出，天地间无理外之事，所以为学应格物穷其理。且穷理要精，既要知其常，又要知其变，只有这样才可以尽天地之理。因此，益轩强调君子之学以穷理为贵。他说：

---

① 井上哲次郎编『日本倫理彙編　卷之八』、212—213 页。

天地间无理外之事。或曰天地间复出乎理之外者颇多，此不可以理推测也。此非出乎理外，唯人之穷理未精，故知其常而未知其变，不足以尽天地之理也。天下岂复有理外之事乎。此君子之学所以贵乎穷理也。①

益轩肯定了朱子通过格物以致知、穷理之后笃行的观点。关于"理"，如前所述，益轩放弃了作为万物存在依据的"所以然之故"的一面，而专门理解为了"四时行，万物生"之条理的"所当然之则"。因此，益轩认为认识是主体对客体的观察，认识始于格物，格物方能致知。他还认为"宇宙事皆儒分内事"，宇宙之内的一切现象都应是我们认识的对象。相较于朱子强调向内用功，益轩则强调向外用功。他在本草学、农学、医学、天文学等领域的造诣无疑与他对"穷理"的重视有很大的关系。

可见，贝原益轩虽未否认朱子学中形而上的普遍客观之理的存在，但他否认了朱子学的理气二元论，主张理气不可分论，认为理是气之理，不能离开气而独立存在，天地间都是一气，万物皆由气生成，太极、阴阳、道都只不过是气的不同表现形式。在此基础上，他将朱子学的"格物穷理"理解成"格物致知之功，乃博学广闻之事"，认为"君子之学"应该"博览广闻，以穷理为务，故积累久而贯通乎天地万物之道理"。②他又将"格物穷理"与注重通过实际考察验证穷尽诸物之理以经世致用的实证主义方法相结合，提倡民生日用之实学。他的《大和本草》《筑前国续风土记》等可以说都体现了这种方法。正如王家骅所指出的，相较朱子而言，贝原益轩更"强调朱子学的合理内容，表现了对自然科学和'经世致用'学问的兴趣，逐渐接近唯物主义"。③贝原益轩在理气不可分论的理解下将朱子学先验性的"理"转换成作为事物规律的经验性的"理"，推动了朱子学向经验合理主义的转变，也推动了经验科学和实证科学在日本的萌芽及发展。

---

① 贝原益轩『大和本草』国立国会図书馆デジタルコレクション、http://dl.ndl.go.jp/info：ndljp/pid/2557363、2018 年 10 月 22 日。
② 井上哲次郎編『日本倫理彙編　卷之八』、418 頁。
③ 王家骅：《儒家思想与日本文化》，第 91 页。

　　益轩对朱子的"穷理以进其知"予以极大的肯定，但对于"主敬以立其本"则提出了不同的看法。首先，对于"敬"，他论述道：

　　　　敬者历圣所传之心法，是操心工夫。敬则有德，不敬则无德。故古人以为敬者德之守，又以为德之聚也。然圣人之门，以忠信为主，不以敬为主，何也。盖诚敬二者，固是为学之要务，然诚是为主本，敬是为工夫。故主忠信者本也，是为学之主意。居敬者主忠信之工夫也，不可为主本。主本与工夫，自有轻重，不可混同。故诚敬二者，本自有轻重，譬如君与相，不可相敬。况以敬为主，则敬重而诚轻乎。

　　　　圣人之教，以忠信为本，以居敬为工夫。是圣门之家法，先以立本为主意，次居敬为主忠信之工夫，其序当如此。宋儒偏以敬为主本，而拘拘焉。恐于主忠信工夫不专，而与圣门家法异矣。盖敬是修己之工夫，所以存诚也。然圣人之门，以忠信为主，未闻以敬为主。苟主忠信，复以敬为主，是一心有二主也。居敬固可贵，然而为主者不在于此而已矣。①

　　在此，益轩把"敬"放在其与"诚""忠信"的关系中来把握。他反复强调"敬"是"诚"的工夫，"诚""忠信"才是主本；"敬"固然重要，但不能是主本，只能是修己工夫，这才是圣人之教。宋儒以"敬"为本的观点是违背圣门家法的。

　　对于朱子的"敬者一心之主宰"，益轩进一步论述道：

　　　　朱子曰：敬者一心之主宰，万事之本根。盖修己以敬者，圣人之至教。人心非敬不存，故须敬以执持斯心，此乃操则存之谓也。主宰云者，所以存之工夫也，非言以此可为心之主也尔。……忠信二者，合而言之则诚而已。诚也者，心之主而人之道也。……故君子为学之道，常以敬为贵，是乃主忠信之工夫。敬则可以至于诚也，

---

　　① 井上哲次郎編『日本倫理彙編　卷之八』、233—234頁。

然而非谓可以是为心之主也。①

朱子"敬者一心之主宰"中的"主宰"二字并非心之主的意思，而是使心到达"诚"的修养工夫（方法）。忠信＝诚，是心之主，敬只是工夫。可见，"居敬"在益轩这里的地位与在朱子那里毫无可比性。

益轩虽对朱子学存疑，认为对其不能完全相信，并于晚年将对朱子学的疑问诉诸笔端，但他对朱子学的怀疑，既不同于中江藤树、熊泽蕃山等出于阳明学的批判，也不像古学派那样对朱子学进行全盘否定并构建了新的思想体系。他仍尊崇程朱为"贤哲""知道之人"，是继承道学正统之人，只是程朱并未达到圣人的程度而已。

> 窃谓程朱固是贤哲，孟子之后，只此二子，可为知道之人也。然未能至于圣人，其学亦恐不与圣人同。然则程朱之说，固虽非后学之所可轻议，亦不可无取舍于其间。孟子曰：尽信书不如无书，我于武成取二三策而已矣。此言可信也。程朱之说数十万言，苟以其言为无疑者，即是尽信书也。今人于其说，一向回护遮掩而曲从者，多涉私意，可谓阿所好也，不可为公正。予是庸拙之才，不能为程朱之忠臣，只不阿所好，是却可不背于程朱之心也。②

他认为学朱子最好的办法是疑朱子，常引用朱子之说"大疑则可大进，小疑则可小进，不疑则不进"，因此认为敢于存疑，才是不背于程朱之心的做法。换言之，益轩对朱子学的批判并非出于反朱子学的目的，而是出于对朱子学的尊重。

二　益轩朱子学的内容特色

如上所述，贝原益轩虽然在理气论、人性论及修养论方面都对朱子学提出了怀疑与批判，但他并未对其全盘否定。从这一意义上讲，他的思想仍然停留在朱子学的框架之内。可以说，益轩在朱子学的框架下，

---

① 井上哲次郎編『日本倫理彙編　卷之八』、234—235 頁。
② 井上哲次郎編『日本倫理彙編　卷之八』、224 頁。

进一步发展了朱子学重视人伦日用的实学面相。

1. 强调"有用之学"的实学特点

益轩强调为学应为有用之学，认为"明人伦，施事业，修己治人"的有用之学，才是真正的学问。他在《慎思录》卷一中指出：

> 凡为学焉者，将以济用，故学必施于事，而后可为有用之学。其曰有用之学，何也？曰：是明人伦，施事业，修己治人之学也。不然，则虽了悟于玄理，大言说高妙，何以于人伦之道而有济乎？可谓无用之学也。夫为学如此，则果何有小补于天地之间哉？可谓无益而害有益也。[1]

益轩认为"了悟于玄理""大言说高妙"的学问是无用之学，为学不应为无用之学，而应为有用之学，"有用之学"即"明人伦，施事业，修己治人之学"。井上久雄认为近世的实学概念可以分为三种类型：一为实践躬行的实学，即将五伦五常的道德作为人伦之道来实践躬行的实学；二为经世济民的实学，即标榜经济实用，将德性修养落实在政治生活的行为实践中的一种政治实用之学；三为利用厚生的实学，相较于前两种实学都强调实现德性修养，利用厚生的实学更强调实证性与事实性。[2]按照以上分类，很明显，益轩强调以实践躬行与经世济民为目的的学问才是有用的，其他任何脱离了此目的的学问都是无用之学。如此，益轩严格区分了学问的"有用"与"无用"。《慎思录》卷四中，他批判章句训诂之学以及其他俗学、异学皆为无用之学：

> 学术所以经世也。而后世所以为学者，每不适经世之用者，何也？盖有穷理知道之学，是所以经世适用也，可以为有用之学。有章句训诂之学，是徒从口耳之习，而无致知知道之工夫，所以不适经世之用也，惟可为无用之学。凡儒者之学者，有用之学也。俗学及异学者，无用之学也。岂止无用哉？复将有害于有用之学，可谓

---

① 井上哲次郎編『日本倫理彙編　卷之八』、12 頁。
② 井上久雄「近世封建社会における実学意識」広島教育学研究会『教育科学』14 号、柳原書店、1956。

为无益而害有益也。①

　　这里，益轩把修己治人中的治人改作经世，明确指出学术的目的在于经世。穷理知道之学可以为经世所用，故为有用之学；而章句训诂之学，不适经世之用，故为无用之学。另外，儒者之学以外的俗学及异学都是无用之学，且这些学问不只是无用，还有害于有用之学。总而言之，益轩所追求的学问是"修己治人，经世致用"的有用之学。那么，如何实现修己治人、经世致用呢？益轩继承了朱子的修养工夫论，一方面认为有存养省察的必要，另一方面又特别强调格物致知。益轩强调致知的重要性，认为"知道是为学之主意"，并指出拘泥于训诂记诵词章的学者，哪怕是"嗜书博识"，也无法知道，真正的致知之工夫唯在格物穷理。他说：

　　　　古人之为学也，以知道为主意。是以虽其禀性有利钝，终有自得之功。今人之为学也，嗜书博识者，往往有之，然其所以用功，止乎训诂记诵词章三者之习，而不能知道。其间复有专嗜经义者，然其所讲究，唯在于章句之间，而不能慎思而做致知之工夫。虽自以为道学，是亦训诂之习而已矣。②

　　可见，在益轩看来，止于训诂记诵词章的学者，即便是博学多识，也不能知道，因此不能称其为正确的学问；真正的学问应该是慎思的致知之工夫。他还指出，致知之工夫的具体实施要讲求博与精的统一：

　　　　凡读书穷理者，欲博且精，博则于天下之理，无所不通，精则于天下之理，无所不明。博与精，二者备矣。而后可为穷理之学，是致知之道也。呜呼！穷理之学，用力久，则于天下之理无所不通明，其乐不亦大乎。③

---

　　① 井上哲次郎编『日本倫理彙編　卷之八』、118頁。
　　② 井上哲次郎编『日本倫理彙編　卷之八』、13—14頁。
　　③ 井上哲次郎编『日本倫理彙編　卷之八』、24頁。

博是为了通天下万事万物之理，精是为了明天下万事万物之理。唯有博与精兼备后，才可谓穷理之学。用力久，天下之理则自然无所不通，无所不明。益轩认为在穷理的过程中可以体验到无穷的乐趣，他说："为学而得逐一通晓于其理而无可疑，是人生一大快事，其乐可无穷。"①

此外，益轩还以实际行动来实践"穷理"的内容。如前所述，他除研究经学之外，还把精力放在研究许多"小补于民生日用之万一"的事物上。

2. "事天地"说

如前所述，不同于朱子的理气二元论，贝原益轩主张"理是气之理""理气绝非二物"的理气一体论。他从理气一体论出发，强调气的"生生"之作用便是天之大德，天地是人物之父母，进而将天地作为人的存在依据。关于天地与人的关系，他根据《尚书》中"天地是万物之父母，人是万物之灵"一节，认为人受天地之恩，优于万物，因此人应该报天地之恩，尽人道，全其生，这是人的职责所在。他在《慎思录》卷一中论述道：

> 天下之人，天为父，地为母，而为天地之子。是以万物之中，唯人为最贵，是所依为灵也。夫然故人之于天地，有罔极之恩，岂唯禀气之初，资其始生之初而已乎？抑有生之后，复载爱育之恩，亦系乎此矣。是故儒者终身之事业，啻在事天地而尽其道而已矣。西铭所谓存吾顺事，没吾宁之意，学者之所当知也。事天地之道如何？曰为仁而已矣。为仁之道，在存心养性，而爱育人物而已。盖吾心性乃天地之所赋与，即仁也。存养之而不槁亡者，事天地之本也。且夫天下之人物，是天地之所生也。天地爱育于其所生，是故君子事天地之道，在亲亲仁民而爱物而已，圣人所以教民以惇五典也。且其余事，又在爱物而已。是惇人伦爱万物者，所以奉若于天地生育之心也。然则岂可敢慢于恶人，暴殄于物，而乖戾于天地生育之心乎？是以爱养于人物者，乃存心养性之功用，而为仁之事也，

---

① 井上哲次郎编『日本倫理彙編　卷之八』、63頁。

是事天地之道也。①

在益轩看来，世界万物皆有一气所生，且其中人为万物之灵，天地于人有罔极之恩，因此人要积极报恩于天地，即"事天地而尽其道"。那么如何"事天地"呢？益轩指出，行为仁之道便是事天地，为人之道在存心养性，且爱育人物。值得注意的是，益轩站在万物一体，且万物共生的立场上，强调存心养性之外，还要爱育人物。因为天下之人物，皆由天地所生，天地之于人物有罔极之恩，所以人作为万物之灵要报答天地之恩。《慎思录》卷五中又有言如下：

> 人资天地生育之德而生焉，是诚罔极之恩也。须要知所以报德。苟不知所以报之，此则天地之不肖子，可谓顽愚之人也。然则何以报德？曰：存仁心。是乃所以报天地之德也。存仁心者，即是所以厚人伦爱品物也。②

人作为人，应该要感恩报德。不知报恩之人，是天地之不肖子，是顽愚之人。那么，如何报德呢？只有存仁心。存仁心，即厚人伦爱品物。这里，益轩再次指出，事天地、存仁心的方法，不只是厚人伦，还要时刻将爱物牢记在心。

益轩在《大和本草》卷之一的"凡例"中也论及"事天地"说：

> 天地生物之心，人受之以为心，所谓仁也。仁者爱之理，人须奉若于天地生物之心而爱育人物，是乃所以为人之道而事天地之理也。爱育人物亦自有本末轻重，不可无等差。……故爱育之道以厚人伦为先。然则仁民济人之功，人人各所当行，此乃民生日用至近之事，不可忽诸。若夫博施济众非吾辈卑贱之事，只随分爱物之心日日存之不可忘。③

---

① 井上哲次郎編『日本倫理彙編　巻之八』、15 頁。
② 井上哲次郎編『日本倫理彙編　巻之八』、136 頁。
③ 貝原益軒『大和本草』国立国会図書館デジタルコレクション、http://dl. ndl. go. jp/in-fo：ndljp/pid/2557363、2018 年 10 月 22 日。

可见，正如辻本雅史所指出的，益轩的儒学绝非只关注人伦世界，他同样关注"物"的世界，并以此为学问研究的对象，在天地、人、物三者的连续性关系中思考人的存在方式。可以说这是益轩与朱子学的异质之处，或可说，这正是益轩儒学的特质。① 或许也正是因为益轩的这一"爱物之心"，天下万物成为他"格物穷理"的对象。

第三节　贝原益轩的神儒并行不相悖论

一　"神儒并行不相悖"的含义

如前所述，同德川时代的大多儒者一样，益轩虽对佛教给予了激烈的批判，但对神道并不排斥，甚至表现出了极大的关心。他反对本地垂迹等神佛合一说，提出了天道、神道、人道一体的神儒并行不相悖论。与林罗山、山崎暗斋等相同，益轩抨击佛教的点主要在于佛教以空无为宗，不讲人伦纲常。相反，神道则与圣人之道相同，都是厚人伦之道。他在元禄四年最终完成的《神儒并行不相悖论》中，对佛教批判道：

> 浮屠之说，本是偏僻其道，以灭绝天理、废弃人伦为则焉，与我神道不同，犹冰炭薰莸之不相容也。然我邦自中叶彼之说盛行，其徒桀黠者，以我国俗尊神之故，往往混杂之，以谓神佛一理而异本迹，欺诈百端，附会牵强，污渎神明。古来学神者，往往拙乎文字，故信彼欺罔之说，不能辨其非。且依倚于浮屠之说而立其教，举世迷而不悟，咸陷彼机诈之术中，可胜欺哉。②

佛教灭绝天理、废弃人伦、遗弃纲常、说妙说空，与神道在根本上犹如水火冰炭之不相容。但自中世以来，佛教盛行日本，与神道混杂，形成了本地垂迹等神佛合一思想。而日本的神道学者又罔信佛教之说，依据浮屠之说立教，因此这之后日本举世陷入了佛教的机诈之术中。相

① 辻本雅史「学術の成立——益軒の道徳論と学問論」横山俊夫編『貝原益軒——天地和楽の文明学』平凡社、1995。
② 岡田武彦『安東省庵・貝原益軒』明徳出版社、1985、221 頁。

反，儒教的圣人之道就不同了。儒教与神道根本上是相通的，都是正心术厚人伦之道。对此，益轩论述道：

> 天地之间一道而已。故人道即是神道，神道即是天道，非有二也。苟有与天地神明之道不同者，即是非人道也。夫我神道是清净成明平易正直之理，乃人伦日用之常道，顺方俗合土宜。其为教也，易简而不烦不巧，易则易知，易则易从。其为体也，淳朴而不华不烦，故常不失其诚。其说虽似浅近，然其中有深妙之理存焉。以是正心术厚人伦，则天下和平而灾害不生。……中世以来，圣人之典籍流入我邦，其正心术厚人伦之道，与吾神道无异。而其为教也，广大悉备，精微深至，以可辅翼邦教，发明于神道。故学神道者，亦不可不学圣人之道。盖神教固是易简之要诀，得其要者一言而尽矣。故虽不待求乎外，然得儒教之辅翼而其理明备矣。故神道无假于儒教而自立尚可也，谓儒教无辅翼于神道则不可也。[1]

在此，益轩用"天地之间一道"的观点将人道、神道、天道联结起来，明确指出，与天地神明之道不同的，则非人道。日本的神道，是以诚为本的易简之道，是人伦日用之常道，看似浅显易懂，但深妙之理自在其中。正因为神道的正心术厚人伦，所以天下太平，灾害不生。在正心术厚人伦这方面，圣人之道与神道一致。另外，益轩强调，虽然神道独立于儒教之外发生，但神道可以适当地借助儒教，以其为辅翼。

在《神儒并行不相悖论》二十年后完成的《神祇训》中，益轩再次强调了他的这一观点：

> 或人问予曰：日本以神道为宗，如唐土以圣人之道为宗。神道与圣道同乎？异乎？予答是曰：天地之间，道唯一。因此，圣道与神道不能为二。夫圣道，则天地之本，教人之道。神道亦从天地自然之道。若神道与圣道不同，则非天地人之道，是异教也。神道亦以诚为本，朝夕持敬，直接以清净为宗，不以空无为宗。厚慈人伦，

---

① 　岡田武彦『安東省庵・貝原益軒』、220 頁。

不离五伦。神道圣道不同乎？①

　　可见，天地之间唯有一道，是益轩一直坚持的观点，也是他的"神儒并行不相悖论"的立论基础。按照他的观点，天地之间道唯一，那么日本的神道与中国的圣道须为同一道，体现的都是人伦日用之道。圣道是天地之本，教示于人的道，是天地人之道。神道遵从天地自然，以诚为本，厚人伦，亦是天地人之道。两者虽然在"礼法、土地之宜、古今之习、风土"等方面有所不同，但在根本上都是"随五常之性，厚五伦"之道。

　　关于人道与天道，益轩在《慎思录》中从天人一理、道贯天人的角度出发，对天道即人道的观点进行了论述：

　　　道者，一也，随其所指而义各异，不可混杂。有天道，有人道，一阴一阳之谓道，是所谓维天之命，于穆不已者，天之道也，在天曰命是也。成之者，性也。所谓乾道变化，各正性命，天命之谓性是也。率性之谓道，此言在人之道。既有人性，而仁义礼智信备矣。而对父子则有亲之道，对君臣则有义之道，对夫妇则有别之道，对长幼则有序之道，对朋友则有信之道。……盖阴阳流行者，在天之道，所谓道之本原自在天出是也。人伦事物当然之理，亦谓之道，此是在人之道，自性而出者也。在天之道，自命而出。在人之道，自性而出。然在天在人一道而已。②

　　　天人一理也。故在人在天虽不同，人气与天气相副，天道与人道相应者，未尝异。盖天有元亨利贞之道，生长收藏之气。人有仁义礼智之性，应于天道元亨利贞，有喜怒哀乐之情，应天气之生长收藏。盖春气生物，在人为喜。夏气长物，在人为乐。秋气杀物，在人为怒。冬气藏物，在人为哀。是在天气，则春秋之生杀相对，夏冬之长藏相对。在人情，则喜怒相对，乐哀相对。此皆为天人一理。③

────────────

① 益軒会編纂『益軒全集　卷三』益軒全集刊行部、1911、643—644 頁。
② 井上哲次郎編『日本倫理彙編　卷之八』、108—109 頁。
③ 井上哲次郎編『日本倫理彙編　卷之八』、186 頁。

天道，即阴阳流行化生万物之道、元亨利贞之道。人道即人伦纲常之道，其内容包括仁、义、礼、智、信的五常与君臣之义、父子之亲、夫妇之别、长幼之序、朋友之信等五伦。这些人伦日用之常道都是本于天道的。天人一理，天道与人道相应，仁义礼智之性对应元亨利贞之道，喜怒哀乐之情对应生长收藏之四季。因此可以说，人道即天道。

关于神道即天道，益轩的立论依据是《易》中所谓"观天之神道，而四时不忒。圣人以神道设教，而天下服矣"。他在《神祇训》中论述道：

> 《易·观卦·彖》曰：观天之神道，而四时不忒。圣人以神道设教，而天下服矣。天之神道者即言天道，天道至神妙，此故以天道为神道。天之道神妙，春夏秋冬四时行，万物生养。此道古今年年不变，道之诚也。圣人随天之神道身行，以此设教天下，圣人之教则神道也。受其至教的天下之人无不信服，此示天道之诚，其理至极之故也。①

在这里，益轩把日本的神道看作与《易》中所说的神道是同一物。在他看来，天之神道即天道，天道因其神妙之至又称为神道。圣人奉行天之神道，并以此设教于天下，因此也可以说，圣人之教即神道。

此外，益轩还认为，在正心术厚人伦方面，神道与儒教是相通的。又因为天地之间道一理一，中国与日本之间自然无异"理"。他说：

> 是天道自然的神道，因天地间无二理，故唐与大和皆同理。其中，专日本为神国者，因东方为天气、阳气、生理之始，造化神秀所聚之所，故称之为神国。圣经是教天地、神明、人伦之道的书，虽是中夏之书，但也该成为我国神道之经。圣道神道无异。②

这里，益轩站在具有普遍性的"理"的角度指出，天地间无二理，

---

① 益軒会編纂『益軒全集　卷三』、683—684 頁。
② 益軒会編纂『益軒全集　卷三』、642 頁。

无二道，所以中国与日本的"理"是相同的，道也应该是同一道，神道是天道自然，故神道即天道。这样的话，就遇到一个问题：既然两者同理同道，为何只有日本称神国呢？对此，益轩给出的解释是，日本处于最东方，为"天气、阳气、生理之始，造化神秀所聚之所"，所以称神国。圣人之书将"天地、神明、人伦之道"教示于天下之人，虽是中夏之书，但同样可称为日本神道之经书，神道与圣道无异。

然而，中国与日本虽同道，风俗却不同，因此，即便是把中国的圣经作为日本神道的经典，中国的圣经也无法完全成为日本的。益轩说：

> 《中庸》有谓，孔子亦曰，道必顺时宜。本邦与中国同道而异俗，故虽圣人所作之礼法，不宜于我邦者亦多矣。学儒者顺其道而不泥其法，择其理之宜于本邦者行之，不宜者而置之不行。然则神儒并行而不相悖，不亦善乎。[1]

中国与日本同道而异俗，因此圣人所作的礼法有许多是不适合日本的，那日本在学习儒教时应该顺其道而不泥于法，要选择适合日本的，对于不适合日本的则应置之不行。这就是所谓的"神儒并行不相悖"。虽然日本的神道是"清净成明平易正直之理，乃人伦日用之常道，顺方俗合土宜"，可以不用假借儒教之力而独立，但如果有儒教的辅翼则更好。神儒并行不相悖论就是这个意思。这一思想同样体现在益轩晚年的神道著作《神祇训》中。

二　益轩的神道观——以《神祇训》为中心

元禄四年，益轩作《神儒并行不相悖论》一文，论述了神儒一致思想。在该文发表约二十年后的《神祇训》中，益轩具体阐述了他的神道观并再次强调了神儒一致思想。可以说，益轩的神道观是在神儒一致的前提下确立的。

1. "日本是神国"

首先，同林罗山、山崎暗斋等主张神儒一致的儒学家一样，益轩的

---

① 　岡田武彦『安東省庵・貝原益軒』、220 頁。

神道观也强调"日本为神国"的神国思想。他说：

> 我日本自上古为神出、神治之国，故自古称此国为神国。此如
> 称唐土为圣人国一般。因此，生于日本、住于日本的人，人人皆须
> 知神道。神为何也？上也。在人物之上，须得尊敬，是神之正训也，
> 不该用镜之中略之说。有镜之前，既有神之名。所谓神，应予以尊
> 敬而云上也。①

日本是神治之国，所以自古称为神国。益轩认为这一称呼如称唐为
圣人国一般。关于"神"，益轩依据其训读音（かみ）与"上"（かみ）
相同，将其解释为上，即在人物之上，应予以尊敬之意。接着他又说：

> 秋津岛②是神治之国，故君静民安。日本是神国，生于此土之
> 人尊知神之道。欲知神道，则应通神之御心。神之御心，以诚为主，
> 清净正直。自古至今，君随之，民亦随上之德化，忠实、淳朴，以
> 纯洁为心。③

日本是神国，日本所奉行之道即为神道，所以生于这里的人们应知
神之道，通神之御心。神之御心以诚为主，清净正直。正因为日本是有
众神祇庇护的神治之国，所以在这里君顺从神之道，民亦遵循上之德化，
君民皆奉行神之道，故自古至今国泰民安。

益轩的这种神国思想强调了日本的特殊性与优越性，认为日本在风
俗、礼仪等各方面都优于其他国家，其自古神国之余风一直延续至今。
他说：

> 我日本自上古为神国，为神始之国，故天生其身行之风俗胜于
> 其他诸异国。以此，它比唐土更可称君子国，以其人民丰乐，礼仪

---

① 益軒会編纂『益軒全集　巻三』、641 頁。
② "秋津岛"开始只是大和国内的一个地名，后因"岛（しま）"与国同义，而成为大和
　国的异名，后成为日本国的别称。
③ 益軒会編纂『益軒全集　巻三』、641 頁。

敦行，与诸国异。至今，古神国之余风未尽，人皆神孙。故天下之人无论尊卑，心皆具神理。①

益轩还从地理位置角度论证了日本具有特殊性、优越性的原因：

> 日本在世界之东，为阳之初，故受天地之气，清洁又温和。且阳气发生之初，其气强。清洁，故廉直不贪。温和，故仁慈情深。气强，故有武勇而不怯。宇宙之形势，以东为初，故日本为世界第一的最上之国，如自东向西的河川，为世界的上流。唐在天地之中央，是文明之国，自古世代出圣人之世界第一地，具万事万物。然虽为上国，不及东方偏土的日本事甚多。日本虽为偏地，但因其为天地阳气发生之初，故胜中华事甚多。②

益轩指出，日本处于世界最东边，东边为太阳升起的方向，所以是阳之初。由此，日本受天地之气，清洁温和且气强。这具体表现为日本人廉直不贪、仁慈情深、有武勇而不怯。另，宇宙形势以东为初，因此可以说日本是世界第一的最上之国。中国虽处天地中央，为文明之国、礼仪之邦，但很多方面也不及日本。日本虽地小且偏，在很多方面却胜过中国。

益轩还指出，中夏地处天下之中央，故四时备，风气和正不偏，圣人出，人伦厚。而东夷、南蛮、西戎、北狄因地处四方偏僻，生于其土之人生性不正。而日本虽处东方偏僻之地，但东方是"四方之始，阳气所生之初，万物所生之本，故其人受阳气之盛气，神人多生"，③所以日本的风土人物优于诸夷。由此可见，益轩的神国思想中明显存在强调日本优越性的论调。

2. 神道是不言之教、易简之道

益轩认为，道之极至高大深妙，非圣人不能知，但民生日用常行之道浅显易行，即便是"愚夫愚妇"也很容易知之行之。他在《慎思录》中说：

---

① 益軒会編纂『益軒全集　卷三』、668 頁。
② 益軒会編纂『益軒全集　卷三』、670 頁。
③ 益軒会編纂『益軒全集　卷三』、677 頁。

道本在近，所及者远。道本在浅，所极者深。道本在卑，所积者高。孟子曰：道在迩而求诸远，事在易而求诸难。人人亲其亲，长其长，而天下平。盖道之所在，乃亲其亲，长其长，是孝弟而已。此日用常行之事，可谓至浅近而卑也。故虽愚夫愚妇，易知易行。苟舍孝弟而求道于高远，是求道于所无也，犹缘木求鱼也。孝弟之道积于身而不可及，谓之高。孝弟之理通于神明，不可窥测，谓之深。孝弟之理远于天下，谓之远。此君子之道，所以高深且远也。①

如前所述，益轩强调天地间唯一道，天道即神道，体现在人便是人伦日用之道。所以在《神祇训》中，益轩也强调了神道的民生日用特点，认为神道是易简之道、不言之教：

神道即天道，虽是高大深妙之理，但天人一理，又显为民生日用常行之道，故至其近所，小浅且卑，愚夫愚妇易知之易简之道、浅近之理。及其至则高大深妙，非圣人不能知，易知易行易简之道也。故虽无言语之教，但只要上之意正，则自然成为民之心习，不教而行。如古之圣人所言，其身正，不令而行；其身不正，令而不随。是以神道者，易简之理，不言之教也。②

按照益轩的观点，神道即天道，有高大深妙之理，但天人一理，体现在人道，则是"小浅且卑"的易简之道、浅近之理。因此，只要身正意正，顺道而行，即便是教无言语，也可不教而行。所以说神道是不言之教。益轩还指出，《旧事纪》、《古事记》及《日本书纪》是记述上古之事的史书，而非"解道之经"，同和汉史书一样，尽管书中自然存在可成为道之教的内容，但并不是专述道理之书，因此将这三部书作为神道经典是不正确的，有悖于"易简之道，不言之教"。神道是不言之教，所以日本上古时代本无仁、义、礼、智、信以及君臣、父子、夫妇、长

① 井上哲次郎编『日本倫理彙編 卷之八』、113 頁。
② 益軒会編纂『益軒全集 卷三』、641—642 頁。

幼、朋友的五伦之道等名目，这些名目是中夏圣人为教道而创造的。同时，益轩指出，以语言及书的形式将至极之道理记述下来并以此教道的，没有可与中夏圣人的四书五经相提并论者。日本的神道是不言之教，无经书，但四书五经，其理精详，道理至尽。又天地间道唯一，所以中国的圣人之经书就是神道之经书，"圣经即神经也"。

对于"易简之道"的具体意思，益轩将"易"解释为"易知易行"，"简"解释为"事少"。他说：

> 凡神道是不言之教，易简之道。易，云易知易行也。简，云事少也。神道只以常慎，保持正直清洁之心为要。此理亦众人易知易行，知此行此，云学神道也。推及此理，详尽而言，则慎而无怠，诚而无伪，正直无邪曲，清洁无污秽，无欲不贪，怜悯深而不薄，是神之御心也。众人须保此心。约之言，应以常慎、正直清洁为要。……和汉同神道也。又行于其身之道，则父子亲，君臣有义，夫妇有和。是上古之圣人所行之处，万民日用之业，朝夕所行神道也。是又人人之本性与生俱来之道也。然其道之大旨，人皆天然之良知，有良能，不学而生来能知能行，不管多愚贱的男女，都能易知其理，易行其道。是以神道之宗处，易简之意也。①

按照益轩的解释，神道是易知易行且事少之道，不烦琐，没有繁文缛节。正直清洁之心是神之御心，因此遵神道者，只需保有此心，以常慎、正直清洁为要。且将此道行于身，则父子有亲，君臣有义，夫妇有和，朋友有信。天人一理，神道在人，又是人之本性与生俱来之道，人生下来便有良知良能，不用学也能知行，理易知，道易行，这就是易简之意。又，神道是不言之教，无书典，亦无五常五伦之名目。自古生于日本者，君受神之御心，为其臣民学习的榜样，下之臣民仿效君上之德化，随风俗之正，自然行此道。故神道虽没有刻意作书立教，而易简之道依然行于世。

① 益軒会編纂『益軒全集　卷三』、645 頁。

3. 神道以 "诚" 为本

如前所述，益轩否定了朱子 "主敬以立其本" 的主敬说，将 "敬" 放在 "诚" 与 "忠信" 的关系中把握，认为 "敬" 只是工夫，"诚" 才是主本。益轩以 "诚" 为本的这一观点，同样贯穿他的神道观，强调神道以 "诚" 为本。他说：

> 神道以诚为本。无论是心还是语言，都专以诚为主。……欲以神道谕人，须先我心无伪，以诚之道劝人。若有诚，则人自然感服而随。①
>
> 神道亦然。神道以诚为本，以正直清净为本者为道。然后世神道者，伪造古之所无之事，立神怪奇特之事惑人，违背神之御心。神道岂如此乎？②

益轩反复强调神道应以 "诚" 为本，指出人的心和语言都要以 "诚" 为主。而一些神道学者却编造上古没有之事，创立新说，甚至创造出伪神书，这有违神之御心，也有悖神道以 "诚" 为本的特点。"诚" 是神之心，所以事神时应以诚之心祭之。人心至诚，便可通神。

另外，益轩认为，日本是神灵众多的神国。他将应祭祀之神分为三种，一是天地阴阳、鬼神、造化、日月、山川之神等所谓天地神祇；二是日本的宗庙之神、社稷之神；三是祖先之神。后两种为人鬼。以上三种神为应祭祀之正神，应尽诚而祭。同时，益轩认为，即使向不应祭祀之神或异国之神谄媚以求现世之福，或祈求死后冥福，却违背天道、不积善除恶的话，也不会得到福。接着益轩从天道以诚为道的观点出发劝导人向善，说："天道以诚为道，人亦应以诚之心事天。行善则天降福，行不善则天降祸，此是必然之理。古今和汉相同之道，是天道之诚也。"③ 事天如此，事神亦应如此。益轩指出：

> 事神应昼夜常慎，正直其心，又清净无邪，不应有污。如斯则

---

① 益軒会編纂『益軒全集　卷三』、658頁。
② 益軒会編纂『益軒全集　卷三』、664頁。
③ 益軒会編纂『益軒全集　卷三』、664頁。

能感通神明之御心，神人无隔，有感应而降福。故神明感应依人而行。行善则降百祥，行不善则降百祸。故神依人的善恶之行而降福祸，天地动鬼神感皆因慎且有诚。民安国富，人事得以治平，皆因天地神明所降之幸也。人事岂能不慎？①

神道以正直清净为要，因此事神应保持身心的内外清净。这样才能神人无隔，感通神明之御心。也可以说，神明感应后降福还是降祸，取决于人的行为本身。如果人行善则降福，行不善则降祸。迄今为止，日本民安国富、人事治平，都是因为天地神明所降之福。神道的正直清净就是诚。事神，应"以诚为心，以敬为工夫，由敬至诚"。②

因为天人一理，天人的感应是可能的，所以益轩主张对天地应有报恩的思想。他还将这一崇德报恩的思想引申到其神道说中。因为神与人之间是有感应的，所以他主张人若以诚心奉神明，就应该厚人伦、爱万物。他提出，欲通达神之御心，首先要诚心诚意地行善积德，要有同情怜悯之心，要孝敬父母、敬畏主君，还要兄弟妻子和睦、朋友情深，尤其是对于鳏寡孤独要有怜悯之心。其次要爱育天地所生万物。同时，对于神明创造出来为人所用的财用，不可胡乱花费。朝夕慎身简用、奉神不息，便可感通神之御心，就可以得到神降之福。相反，若违背此道，违背神明之法，就会招致祸灾。

由上述可知，益轩用儒家四书五经的思想来论述神道，强调神儒共通的民生日用之道，认为神道虽没有四书五经这样的教之经典，但只要以诚心事神，顺神之道而行，厚人伦、爱万物即可。神道虽是无言之教，但也能如儒教那般指导人的日用常行。神道、天道、人道一体，神道即是天道，也是五伦五常之道，这样，益轩让神道具有了道德意义。同时，人如果能诚心，躬行父子、君臣、兄弟、夫妻、朋友的五伦之道，也能感通神之御心，成为神人。如此，益轩将神道置于人伦日用的框架内，又强调人的个人修养行为，而不是盲目崇拜神佛，从而使神道具有了理性主义的倾向。

---

① 益軒会編纂『益軒全集　卷三』、681 頁。
② 益軒会編纂『益軒全集　卷三』、674 頁。

　　益轩还强调天地神明会根据人的所作所为作出相应的奖励或惩罚。天地神明永远是人谨慎事奉的对象，天人一体，神人一致，人作为万物之灵，应以诚心事天，报答天恩。这就要敦行人伦、爱育万物、行善除恶。也只有这样做，才能得到天地神明的佑助，免于灾祸。这样，益轩将他的"事天地"思想贯穿到神道中。

　　综上所述，益轩的神儒一体论，从"天下之间唯一道"出发，确立了神道即天道，即人道的关系。同时，他又抓住了天是人的根源这一天人关系，将天与人、神与人紧密联结起来，进而找到了人的存在意义。另外，与益轩晚年对朱子学的怀疑相对应，他的神儒一体论更强调中国的四书五经中体现的道，认为这与日本的神道并行不悖。可见，益轩的神儒一体论明显有着试图回归尧舜之道及上古神道的复古想法。

第四章　山鹿素行的日本中朝主义

山鹿素行是日本近世古学派的最初倡导者,与伊藤仁斋、荻生徂徕一起被称为日本"古学派三祖"。[1] 素行从儒家的道统观念出发,认为孔孟的思想才是最正统的儒家思想,因此主张回归到孔孟思想中,探寻最原初、最正统的儒家思想。在儒学与神道的关系方面,他亦主张儒学与神道一体,认为天之神道、圣人之神道以外别无神道,日本往昔诸神所设之教与尧舜之道相同;孔孟之道的内在精神与日本古道的精神是一致的,日本虽没有儒教之名,却早已有儒教之实,儒学与神道之间不存在从属关系。

第一节　山鹿素行的生平与思想历程

山鹿素行,名高佑,初名义距,字子敬,号素行,又别号隐山,通称甚五右卫门,生于福岛会津若松,后跟随其父移居江户。素行九岁时经介绍入林罗山门下学习朱子学,十一岁便为人讲说《小学》《论语》《贞观政要》等,十二岁时罗山允许他讲经时可以用见台[2]。素行自幼学习武艺兵法,十五岁左右师从小幡景宪(1572—1663)、北条氏长(1609—1670)等学习甲州流兵学。十七岁时光宥法印向他传授了以真言密教为主、神道为从的两部神道,而两部神道与甲州流兵学有着密切的关系。二十二岁时北条氏长向其传授兵学秘诀,三十一岁后开始大量编纂兵学方面的著述,如《孙子句读》《七书谚解》《武类全书》等。三十五岁时,先后出版了儒学方面关于修身治国的著作《修教要录》《治教

---

① 古学是江户时代发起的回归孔子最初倡导的圣人之道的运动。伊藤仁斋、山鹿素行及荻生徂徕等学者坚决反对包括朱子学和阳明学在内的孔孟之后的儒学思想,认为他们混淆了孔子最初的真正教导。虽然这三人的思想体系各不相同,但他们在回归最初的孔孟之道的主张上是一致的。

② "见台"指把书放在上面以方便阅书的架子,江户时期儒家讲学时常用来代替讲桌。

要录》与兵学方面的《武教小学》《武教全书》《武教本论》等。至此，其兵学在建城、战法、武器、韬略等方面都有了完备的体系，从而创立了"山鹿派兵法"。四十一岁（1662），山鹿素行开始对朱子学提出质疑并显现出倡导古学的倾向。四十四岁（1665），《圣教要录》及由弟子将其授课语录编辑成册的《山鹿语类》刊行，书中明确批判朱子学，主张直接回归周孔之前的圣人之道。也正是因此，素行遭到信奉朱子学的会津藩主保科正之的猜忌，次年，被发配到播州浅野氏领地赤穗长达十年之久。在此期间，素行得到浅野氏的礼遇，一面继续著书立说（如儒学方面的《四书句读大全》、兵学方面的《七书谚义》及日本学方面的《中朝事实》等），一面教授赤穗藩士兵法，提倡儒家伦理规范与武士伦理相结合的"士道"。五十五岁时，素行被赦免，得以回到江户，开设私塾讲学授课，十年后辞世。素行四十八岁时所著《中朝事实》，如书名所示，把日本作为"中朝"，把神话作为"事实"，宣扬日本中朝主义，强调日本的主体性。

素行的思想经历了三教一致之学—以朱子学为中心—圣学（中华圣学）—日本圣学（兵学及神道学）的过程。

一　"三教一致"时期

所谓三教即儒教、道教及佛教。素行的三教一致思想，大致形成于二十岁到三十五岁。《配所残笔》记载：

> 学问之筋，古今多共其品。是儒佛神道各有其一理之事。我等事自幼年迄壮年，专程勤子朱子之学筋。依之其顷我等述作之书者，皆程朱之学筋。中顷好老子庄子，以玄玄虚无为本。此时别贵佛法，逢五山之名知识，乐所觉悟道，迄令相看隐元禅师。然共我等不器用之故，仕程朱之学而陷持敬静坐之工夫，觉人品沉默。较朱子学，老庄禅之作法活达自由，性心之作用天地一极之妙用高明。任何事以本心自性之用所，故无滞处，打破乾坤万代不变之理，惺惺洒落无疑。①

---

① 塚本哲三编『山鹿素行文集』有朋堂書店、1926、483—484 頁。

由此可知素行对程朱、老庄以及佛禅的态度及感受。一方面，对程朱的"持敬静坐""沉默人品"产生共鸣；另一方面，又向往老庄及佛禅的"活达自由"。素行的这种三教一致思想也体现在他的兵学及士道论中。如在《奥义五篇自序》的第一篇《阴阳兵源》中，素行就多处引用《老子》《庄子》《论语》《大学》《孟子》《孝经》等，用老庄、佛、儒的思想来说明兵源的道理。

二 以朱子学为中心时期

三十五岁后，素行开始重新研究学问，他的思想逐渐由三教一致转向为以朱子学为中心。三十五岁至四十岁，素行完成了《修教要录》《治教要录》《武教小学》《武教全书》《武教本论》《孙子句读》等著作，其学问开始倾向于以朱子学为中心的儒学，并以此为依据确立其武教理论。这一时期的素行开始批判佛老之说是异端，而非圣人之学。《山鹿语类》记载："先生圣学之志愈进，诗文咏歌之词章、老庄释氏之异说、众技小术皆非圣人之学，退而述《治教要录》三十一卷、《修教要录》十卷，此书专以周、程、张、朱之学为宗。"[①] 素行以周、程、张、朱之学为宗，完成了《治教要录》及《修教要录》。也就是在这两部要录完成之后，山鹿素行真正开始了他的朱子学研究。

《治教要录》是素行参考南宋真德秀的《大学衍义》及明朝丘文庄的《大学衍义补》而完成的一部关于治国见解的著作。《修教要录》则从《大学衍义》《大学衍义补》《朱子语类》《近思录》《学蔀通辨》等著作中引用朱子学的"理气论""心性论""异端论"主张，以及作为"修养论"的"格物致知"及"持敬"说，并以"修养论"为主要内容。该书将老庄、佛教、陆象山、王阳明之学统统视为异端而予以否定。可见，这时的素行摒弃了之前的三教一致思想，转而以朱子学为中心。他在《修教要录》自序中说道：

> 学者如何是的？以修身为的。修身之要在于学问。学者如何修身？以道体为本也。道体者以天地为证。道体者如何至焉？以学问

① 井上哲次郎编『日本倫理彙編 卷之四』育成会、1903、29—30 頁。

致知。致知者如何至于实地？以力行为效也。故致知力行，学之始终也。……予年少遵父之命，勤于读书。后好记诵词章，嗜张口谓理，好禅且乐于老庄。殆以三教为一致，以六经为糟粕。不因程朱之注释，而闻字训为注解，欲直指本心。其间之言行，皆无过与不及。纵使有过不及，亦是一事之糟粕耳。……近来窃思，学者何也，唯修身。[1]

这里，素行提出了以"修身之学"为"圣学"的构想。可见，素行转向朱子学是因为朱子学提出了"修己""治人"的实践性目的，以及为达此目的，从"格物致知"的修养论到"治国平天下"的政治论的实践方法。而"三教一致"，如佛教的无常、道教的隐遁，都不适用于日用实践。

然而，素行以朱子学为中心的思想，在几年之后又发生了转变。四十岁左右，他开始对朱子学产生怀疑，其思想向"圣学＝古学"转变。

三　"圣学＝古学"时期

素行在四十一岁至四十五岁期间，学问思想的中心为古学。据记载，素行在宽文元年（1662）四十一岁时读《近思录》，随即对宋学产生怀疑。据素行当时所写的杂记《山鹿随笔》记载，最初引起其怀疑的是周敦颐《太极图说》中的"无极而太极"这句话。《易·系辞上传》中只有"太极生两仪"，并没有"无极"二字，周敦颐却在太极之上冠"无极而"三字，这有违作为真正圣人之学问的"圣学"。所以素行指认周敦颐是"圣人之罪人"，以《太极图说》为中心展开的宋学亦有违于"圣学"。此后，素行走上了批判朱子学的道路。宽文五年，素行刊行《圣教要录》，公开批判朱子学，他也正因此书被流放至赤穗。

关于此时他的思想转变，《配所残笔》记载："宽文之初，我见汉唐宋明学者之书，不参合点。直见周公、孔子之书，是为手本，云可正学问之道，自此不用后世之书物。昼夜勤读圣人之书，初明圣人之道，定

---

[1]　広瀬豊編『山鹿素行全集』第 2 卷、岩波书店、1942、9 頁。

圣学之理。"①

可见，四十岁以后，素行的思想再次出现转变。他否定宋儒之说，并对汉唐以来的诸儒家学说加以批判，转而提倡先秦以前的周孔之道，并称之为"圣学"，提倡复古思想。素行在《圣教要录》的"道统"篇中表达了同样的旨趣。他论述道：

> 伏羲、神农、黄帝、尧、舜、禹、汤、文、武、周公之十圣人，其德其知施天下，而万世被其泽。及周衰，天生仲尼，自生民以来，未有盛于孔子也。孔子没而圣人之统殆尽，曾子、子思、孟子亦不可企望。汉唐之间，有欲当其任之徒，又于曾子、子思、孟子不可同日而语之。及宋，周、程、张、邵相继而起，圣人之学至此大变，学者阳儒阴异端也。道统之传至宋泯灭，况陆王之徒不足算，唯朱元晦大功圣经，然不得超出余流。②

山鹿素行认为，除伏羲至周公十人外，还能称得上圣人的只有孔子一人，孔子之后再没有人可称圣，即便是孟子、曾子、子思也不可称圣。至汉唐以后则连与孟子等可比肩的人都没有。宋儒就更不值得一提了，周、程、张、邵等人表面上是儒学，实际上却是异端之说。只有朱熹还算得上对解释"圣经"有所贡献，但也未能超出余流。如此，对于"圣学"之道统，山鹿素行对曾子以下的诸儒一概不取，不承认被程朱作为经典的《中庸》《孟子》具有圣学之脉，主张彻底回归周孔之道。

素行虽然对汉唐宋以来的儒学都予以否定，对朱子学却并未全盘否定。他认为孟子之后的诸儒思想中都掺杂了禅佛，"惟朱子杰出其间"。《山鹿语类》卷三中写道：

> 汉唐宋以来，汉晋学者皆宗老庄，唐宋则宗禅佛，宋陆子静、明王阳明者，切陷溺于佛见，人人可以见也，其间阳儒阴佛之徒尤多。朱子曰程门高弟在当时亲见之。程至于释氏，却多看不破，是

---

① 塚本哲三编『山鹿素行文集』、485 页。
② 塚本哲三编『山鹿素行文集』、6—7 页。

不可晓。游定夫、吕与叔、谢显道、杨中立各出入禅佛，朱子详辨
之，有《杂学辨》。朱子以前，苏子瞻以佛旨解《易》，游定夫以佛
旨解《论语》，王安石、张子韶以佛旨释诸经，吕居仁以佛旨释
《大学》，朱子出而后其书皆废。愚按，周、程、张、李之大儒，其
所论说，亦大概在于禅佛，惟朱子杰出其间，明辨杂学辟之，其功
尤大也。①

他称赞朱子"明辨杂学辟之，其功尤大也"，认为朱子之学压先儒，
是孟子之后相传圣人之道的唯一之人。

圣人之道，夫子没而后虽不明，子思、孟轲少有其传。汉唐之
间，虽人皆知圣人可贵，其学杂博而不纯。至宋周、程、张子，皆
嗣曾点之风流，圣人之微旨殆绝。朱子近于日用之间详其学，是孟
轲之后，惟朱子一人之功也。②

由上可知，素行对朱子还是给予了一定的积极评价。他称赞朱子
"于日用之间详其学"，孟子之后，圣人之道得以相传是朱子一人之功。
结合前述山鹿素行选择摒弃"三教一致"而专心朱子学的缘由是朱子学
的日用实践，这一阶段他转向"圣学"及积极评价朱子学的原因应该也
是如此。

四　日本圣学时期

如前所述，素行四十五岁时因《圣教要录》被流放播州赤穗近十
年。被流放后的素行，不再强烈坚持他的古学主张，而是将主要学术精
力集中在日本的神道上，并以此为日本的最原初之道。

据素行自撰年谱记载，他四十八岁时阅读《日本书纪》，重新审视
日本的神道论，试图从中华圣学中跳出，主张日本中朝主义。这一阶段
他的代表性著作有《中朝事实》《武家事纪》《配所残笔》《治平要

---

① 井上哲次郎編『日本倫理彙編　卷之四』、179 頁。
② 井上哲次郎編『日本倫理彙編　卷之四』、278 頁。

录》等。

素行在《配所残笔》中明确指出，自己"以前好异朝之书物，日夜学习"，"认为本朝是小国，任何事都不及异朝，圣人亦只在异朝才能出现"，[①] 实际上是陷入了误途。

素行在其四十七岁时完成的《谪居童问》中，对圣学与俗学、道统与异端进行了辨析，并坚持周孔圣人之后皆非圣学的观点。在论及道统及异端问题时，产生了神道是否为异端的问题。素行在《神道如何》一篇中指出：

> 问：本朝自古以来以神道为贵，是有异圣教乎。答：本朝往古之道，天子以之修身治人，人臣以之辅君政国，乃神代之遗敕，天照大神至诚之神道也。当时所指神道皆事神之道，神职之所知也。上古司神职之人乃知朝廷之政，故云神职者云朝政，非二也。然神人一致更无差别，此故得事神之人乃天地之理不通则不合，故甚重神职，大臣兼是。[②]

这里，素行认为本朝往古之道就是天子修身治人、人臣辅君政国之道，这也是天照大神至诚之道。神人一致，神道即人道。神道无异于圣教，神道就是圣教。

素行四十岁时，写成了《中朝事实》。他在书中称日本为"中朝""中华"，中国为"异朝""外朝"，宣扬日本圣学＝神道及日本中朝主义。可以说该书是素行由中华圣学转向日本圣学的宣言。他在该书自序中写道：

> 恒观沧海之无穷者，不知其大。常居原野之无畦者，不识其广。是久而狃也，岂唯海野乎？愚生中华文明之土，未知其美，专嗜外朝之经典，嘐嘐慕其人物，何其放心乎？何其丧志乎？抑好奇乎？将尚异乎？夫中国之水土，卓尔于万邦，而人物精秀于八纮。故神

---

① 塚本哲三编『山鹿素行文集』、481—482 页。
② 広瀬豊编『山鹿素行全集』第 2 卷、282 页。

明之洋洋，圣治之绵绵，焕乎文物，赫乎武德，以可比天壤也。今岁冬十有一月，编皇统之事实，令儿童诵焉，不忘其本云尔。①

这里所说的"中华""中国"都是指日本而言。素行首先自我反省，称他生在"中华文明之土"却专读中国经典、倾慕周孔等圣人的行为是"丧志"的表现，进而指出日本"卓尔于万邦，人物精秀于八纮"，尽显其日本优越万邦的思想。

山鹿素行一生著述颇丰，多达八十余种六百余卷，涉猎范围亦甚广。其学术思想经历了从"三教一致"到以朱子学为中心的宋学，再到主张回复至周孔圣人之道的"古学＝中华圣学"，最后主张回复上古之神道的"古学＝日本圣学"的转变。

第二节　山鹿素行对朱子学的批判及其"圣学"构建

一　对朱子学理气论的批判与重构

1. 关于"无极""太极"

"无极而太极"是朱子学本体论的一个重要观点。朱子作《太极图说注》对周敦颐的《太极图说》进行了解释，认为"无极而太极"并非"太极之外复有无极"的意思，周子之所以这样说，是因为"不言无极，则太极同于一物而不足为万化根本；不言太极，则无极沦为空寂而不能为万化根本"。② 也就是说，在朱子的解释中，无极与太极是对万物存在根源的一个理论性说明，而非用以表达万物发生的时间先后关系。对此，山鹿素行说：

朱子《图说注》曰：上天之载，无声无臭，而实造化枢纽，品汇之根柢也。故曰无极而太极，非太极之外复有无极也。……以太极，恐为一个有形象之者，说无极，则太极无形论焉。方象无，则无所以可生。圣人惟祥象数之间，正日用之功，周子不知圣人之渊

① 塚本哲三编『山鹿素行文集』、207页。
② 朱杰人、严佐之、刘永翔主编《朱子全书》第20册，第1569页。

源，漫以意见冒圣人之语，是圣人之罪人也。后世学者因此终弄精神，忘日用事物之学，儒而老庄，儒而浮屠，是据无极之说也，故曰后学之异端也。(《山鹿语类》)[1]

又《圣教要录》有言：

> 周子作《太极图》，尤足起后学之惑，是不知圣人之道。出河图，出洛书，各有自然之象，何以造设？周子以"无极而"三字冠"太极"之字上，甚是圣人之罪人，后学之异端。太极之外别无无极，其言则赘。太极之前有无极，则异端之说。圣人之教唯日用。太极乃含蓄先后本末，至极至尽。[2]

可见，素行对"无极"的批判主要在于，"无极"这一概念并非来自儒家经典，而是佛老之说。如果按照朱子的解释，"无极而太极"的意思是"无极即太极"的话，那么说太极之外别无无极，就是"赘言"。如果以无极论太极，以无论有，那么这就是异端之说，而非真正的圣人之道。圣人之教只在日用事物之间，讲求日用的学问才是圣学。所以，素行批判周子"不知圣人之渊源"，"是圣人之罪人"，而后世之学却学周子，忘记了日用事物之学才是真正的圣学。因此，他主张回复至讲求日用事物之学的真正圣人之学。

圣人之学只讲"太极"，而不谈"无极"，因为"太极"已经包含了先后本末，至尽至极。那么，具体而言，"太极"又是什么呢？他在《圣教要录》中论述道：

> 太极者，象数已具而未发无朕之谓。理气妙合，其间广大变通，县象著明，悉具无所缺，甚相至极，曰太极。太极之象已发，天地便广大，四时便变通，日月便县象著明，云行雨施，万物品节。
> 理气妙合，则幽微渺茫之间必太极。天地人物各一太极。[3]

---

[1] 井上哲次郎編『日本倫理彙編 巻之四』、655—657 頁。
[2] 塚本哲三編『山鹿素行文集』、22—23 頁。
[3] 塚本哲三編『山鹿素行文集』、22 頁。

素行认为，太极是万象森然已具而未发无形之谓。理气妙合其中，且其间天地、四时、日月悉具。待太极之象已发，则天地开辟，四时运行，日月县象著明，云行雨施，品物流形。值得注意的是，素行用"理气妙合"来理解"太极"，认为"太极"非"理"亦非"气"，而是"理气妙合"。这也就否定了朱子"太极＝理"的观点。

2. 关于"理""气"

"理"和"气"是构成朱子学本体论思想的一对重要范畴。朱子学理气观认为，宇宙间所有的存在都是由形而上的"理"和形而下的"气"构成。"理"是宇宙万物存在的根源，"理"赋于"气"中，靠"气"的凝集扩散形成万物。换言之，相对于作为实体的"气"来说，一方面"理"作为存在是"无"，另一方面它又是"气＝有"存在的依据，所以从这一点来讲，它被看作"太极"。

但如前所述，素行否定了朱子学"理＝太极"的观点，认为"太极＝理气妙合"。那么，素行又是如何理解"理""气"的呢？首先，关于"理"，他在《圣教要录》中指出：

> 有条理谓之理。事物之间必有条理。条理紊时则先后本末不正。性及天皆训理，尤差谬也。凡天地人物之间，唯有自然之条理，是体也。[①]

不同于朱子的"理"，素行认为"理"是有条理之谓，是事物之间的条理。也就是说，在素行这里，"理"是具体的、经验的，而不是朱子学中先天的、超自然的、形而上的"理"。

其次，关于"气"，他在《圣教要录》中论述"阴阳"时说：

> 盈天地之间，所以为造化之功者，阴阳也。天地人物之全体也，互消长往来屈伸，生生无息。轻而升者阳也，重而降者阴也。阳为气，阴为形，形气更不能离。阴阳互根，无偏废，无偏用，互为主

---

① 塚本哲三编『山鹿素行文集』、10—11頁。

无定位。①

《山鹿语类》也有言如下：

> 阴阳，天地人物之总管也。天地既以阴阳而成，故盈天地之间所以为造化者，不出阴阳。若以其本，则理气也，形气也。……凡消长、屈伸、生长、收藏而天地人物遂，是阴阳自然之道也。②

又说"五行"：

> 五行者，阴阳既形也。五者所以行天地之间也。阴阳是气，五行是形，更不待作为。水火者，五行之主。水火有象而无形相对，待流行而万物尽。③

综上所述，在素行看来，阴阳充满于天地之间，为造化之功，是天地人物之总管。其消长、往来、屈伸，万物生成，天地人物生生不息。这就是阴阳自然之道。五行是阴阳既已成形，行于天地之间。这里值得注意的是素行提及的"阴阳自然之道"与"更不待作为"。也就是说，素行更强调在阴阳五行变合消长的作用下，一切事物的"自然"而成。他在《圣教要录》中论"天地"时又说：

> 天地者，阴阳之大形也。天地之成，不待造作安排，唯不得已自然也，故长久也。无始终，其极不以数论焉，不以事计之。阴阳流行，终为天地，为日月，为人物。气升而无止者天也，降而凝聚者地也。升降之诚，阴阳之著明也。……阴阳之形气，其至天地也，其精为日月，日月县象著明，而天地万物各得其处，天文地理之变无不通，而后与天地为参。④

---

① 塚本哲三编『山鹿素行文集』、16 頁。
② 井上哲次郎编『日本倫理彙編　卷之四』、444 頁。
③ 塚本哲三编『山鹿素行文集』、16—17 頁。
④ 塚本哲三编『山鹿素行文集』、17 頁。

素行指出"天地之成，不待造作安排，唯不得已自然"，将"不得已"与"自然"放在一起，强调"自然"而然。也就是说，在素行这里，"很明显没有'理'的主宰痕迹，一切都是'自然'而成"。[1]

就"理"与"气"的关系，朱子虽然也主张"有理便有气，流行发育万物""理气本无先后之可言"的理气不可分论，但就其根本而言，他更强调"然必欲推其所从来，则须说先有是理"的理先气后说。也就是说，在朱子这里，作为万物存在的最终依据之"理"，是唯一且绝对的先天存在，而一旦事物成形，则必"理"赋于"气"中，唯一"理"分殊于万物中时，则有"理"便有"气"，有"气"便有"理"，理气不可分离。对此，山鹿素行论述道：

> 或问：太极不可无其所因出？朱子曰："有是理而后生此气。"又曰："理气无先后之可言，然必欲推其所从来，则须说先有此理……"师曰：理气之妙用，天地自然，少无间隔，理因气，气因理，尚强而推之，则以象为先。……以象为先，则周子之无极何处用焉乎？
>
> 凡理与气相对，有此气则有此理，有此理则有此气，不可论先后，理气是阴阳之相根，而或有象，或有形，而有无工具。
>
> 愚谓：理气更不可分，只理气妙合之间，有剩偏剩欠正通，而其太极乃各同一太极也。
>
> 师曰：天地之所以然者，理气之妙合而然，不以象名，不以言语。或曰：理气之妙合，何故乎？师曰：天地所以然也。或曰：天地所以然者，理气之妙合，而理气之妙合者，天地所以然，是不二地乎？师曰：何相分乎，多言数穷。[2]

素行否认了朱子的理先气后说，主张"理气妙合""理气之妙用，天地自然""不可论先后"的理气合一观。这样，他否认朱子的太极即理说，主张太极是理气妙合也就不难理解了。

综上所述，对于作为朱子学本体论的理气观，素行并未全盘否定，

① 张崑将：《德川日本"忠""孝"概念的形成与发展——以兵学与阳明学为中心》，华东师范大学出版社，2008，第56页。
② 井上哲次郎编『日本倫理彙編　卷之四』、657頁。

而是对其进行了改造性重构。他否定"无极而太极"的观点，将"理"视作"条理"，将"阴阳"（"气"）视作"不待造作安排"的"不得已自然"，将"太极"看作"理气妙合"。较朱子强调唯一且绝对的"理"本论，素行更主张理气妙合（太极）、交感妙用（阴阳—五行）之下万物化生的生生不息之自然。

二 对朱子学心性论的批判与重构

朱子以"性即理"将理气论贯通到人性论上来，将人之性分为本然之性与气质之性，主张本然之性才是"性即理"中的"理"，是形而上的道德本性，而气质之性则"体现为形而下的肉体感官之作用的本能性本性"。[1]"气"有清浊之不同，所以气质之性会被遮蔽、妨碍，而不能等同于本然之性，因此，人要不断地以"本然之性（理）"为目标去纯化自身。对此，山鹿素行是如何理解的呢？

1. 关于"性"

素行在论及"性"时常以"理气妙合""能感通知识"来定义。如他在《圣教要录》中论述道：

> 理气妙合，生生无息有底，能感通知识者，性也。人物之生生，无非天命。故曰天命之谓性。理气相合时则有交感妙用之性。凡天下之间有象乃有此性。此象生，不得已也。有象乃有不得已之性，有性乃有不得已之情意，有情意乃有不得已之道，有此道乃有不得已之教。天地之道，唯至诚。[2]

又《山鹿语类·圣学九·性心》"论天命之谓性"中有言如下：

> 师曰：理气妙合，而有生生无息底，能感通知识者，是谓性也。凡理气交感，人物生生之用，无不天命。是万物以天地为父母，天地以生生无息为妙用也。故曰天命之谓性。推其本，则理气妙合而

---

① 〔日〕沟口雄三：《中国思想史：宋代至近代》，第47页。
② 塚本哲三编『山鹿素行文集』、18頁。

是此性。全象天地之极，眇乎一物，亦无不然。既然则生生之妙不已，能感通，能知识，无可以方形求，不可以声臭索，而四肢百体毛发皮肤之间，触则通。此性充理气之间，其虚灵不可言也。[①]

由此可见，山鹿素行主张"性"是理气之妙合而又能感通知识者。"性"充"理""气"之间，又无形无迹，无声无臭，虚灵不可言。很明显，素行对朱子的"性即理"说是不赞同的。《山鹿语类》中又有言如下：

圣教之所谓理者不然，有人物不得已之理。是乃理也，父子之亲，君臣之义，夫妇之别，各不得已之理，而至公也，止大也。事物之间，格物致知来，皆有当然之理，所谓有物有则也。父子之有亲，君臣之有义，夫妇之有别，岂性豫具此数个字乎？以不得已之则穷得底，便有不得已之理，此理是感通知识底，是性也。何以性与理一乎？且性者理气相合之妙用也，以理为性，便这个气不属性，令气发动底，又有别性乎？彼野兽之偏塞，无天理之全，可谓无性乎？[②]

素行反对朱子学的"性即理"说，认为不可以将理等同于性，事物之间都有一个所当然之理，如父子之亲、君臣之义、夫妇之别，这是不得已之理。而此不得已是感通知识的，这才是性。而且，在他看来，性是理气相合之妙用，如果以理为性，那么气就不属于性，这样的话，那令气发动的难道是另外一种性？很明显，素行对"性"的理解以及对"性即理"说的否定，与他的理气妙合观是分不开的。

同时，素行也反对朱子学将"性"分为"天命之性"与"气质之性"的观点，他指出：

圣人不分天命、气质之性，若相分，则天人理气竟间隔。此性

---

① 井上哲次郎编『日本倫理彙編 卷之四』、545頁。
② 井上哲次郎编『日本倫理彙編 卷之四』、580頁。

也，生理气交感之间，天地人物皆然也。措气质论性者，学者之差谬也。细乃细，却无益于圣学。①

　　天命曰理，气质曰气。生气曰气，无息曰理。阳曰理，阴曰气。气曰理，质曰气。此等理气相结合时交感而有其妙用之谓性。凡天下之间，理气交感，而有一个象底，无不具此性也。②

　　人物之生生无息皆自天命，所以圣人只说"天命之谓性"，而并未讲气质之性。以气质论性，是"学者之差谬也"。因为，以理气而言，天命即理，气质即气。又，性是理气交感而有妙用。所以性是天命与气质相互作用下产生的。性唯一，不可分天命与气质。可见，在素行这里，理气概念不再等同于朱子学原语境下的理气，而是变成了一对相对的概念。天命与气质而言，天命是理，气质是气；生气与无息而言，生气是气，无息是理；阴与阳而言，阳是理，阴是气；气与质而言，则气是理，质是气。所有这些理气相合时交感而有其妙用的便是性。

　　2."性"之善恶

　　关于"性"之善恶问题，朱子指出，"性者，人所禀于天以生之理也。浑然至善，未尝有恶，人与尧舜初无少异"；③"继之者善，成之者性，这个理在天地间时，只是善，无有不善者"。④朱子从性即理的观点出发，主张"浑然至善，未尝有恶"的性本善论。对此，素行批判指出：

　　人物之性一原，理气交感自有过不及，其妙用感通亦异。人同禀天地而四夷皆异也，况鸟兽万物之区区乎？性者，不可以善恶言之。孟轲所谓性善，以不得已字之，以尧舜为的也。后世不知其实，切认性本善立工夫，尤学者之惑也。学者嗜性善，竟有心学理学之说。人人所赋之性初相近，因气质之习相远。宋明学者陷于异端之失唯在这里。修此道以率天命之性者，是圣人也，君子也。己习气

①　塚本哲三编『山鹿素行文集』、19頁。
②　井上哲次郎编『日本倫理彙編　卷之四』、546頁。
③　朱熹：《四书章句集注：孟子集注》，中华书局，1983。
④　黎靖德编，王星贤点校《朱子语类》卷五，第83頁。

质而从情，乃小人也，夷狄也。性唯在习教，不因习教而切求本善之性者，异端也。①

《易》曰：一阴一阳之谓道，继之者善也，成之者性也。方是夫子以性不以善，以成之者为性。一阴一阳互相因，道乃立，继一阴一阳之道来，乃发而中节，其用各得和，是善也；成这个底，是性也，性之本然不可以善恶名，因其流行不得已之道，乃发而善而有中节，是强而名性善也。②

素行指出，人物之性本出一原，都是理气交感时所产生的，但是理气交感中自有过与不及，其妙用感通也不相同，故人虽然同禀天地而有四夷之异，鸟兽万物之性各不相同。性本身不可以善恶论之，只有已发后才能言善恶。发而中节是善，不中节则为恶。由此，后世学者主张性本善，是"异端"之说。可见，不同于朱子无条件的"性善"论，素行主张"发而善而有中节，是强而名性善也"。也就是说，素行的"性善"必须是在形而下的"事"上，"事"善而"性"善。性善是知行达成之后的结果。

素行还指出，人人所赋之性本是相近的，只因气质之习即后天的环境、学习等因素不同而相远，强调"性唯在习教"，通过习教来达到善的目的。所以，他又说：

愚谓：视听言动之用，行住坐卧之便，饮食色情之欲，皆是因气质而起来，以是不为性，则性以何谓之乎？其发而中节者，因教修道之谓也。不性之本然，不因教不修道，不虑而中节之圣者，万古未闻，况后世乎？③

素行认为，人之视听言动之用，行住坐卧之便，饮食色情之欲，这些都不能称为性。性只能是天命之性，在人而言，通过习教修道，使之发而中节才能称为性。可见，素行一直强调的是习教修道的重要性。

---

① 塚本哲三编『山鹿素行文集』、18—19頁。
② 井上哲次郎编『日本倫理彙編　卷之四』、583頁。
③ 井上哲次郎编『日本倫理彙編　卷之四』、566頁。

　　另一方面，山鹿素行继承了朱子以"体用"及"未发/已发"来把握性情关系，但对"性"的理解以及对朱子"性善说"的怀疑，也影响了他对性情关系的理解与把握。如前所述，素行将"性"外在的、现实的表现等于"事"，作为确认"性"善的前提。因此，他抛开作为"性"之用的"情"，而直接对"性善"这一把握方法的合理性提出了怀疑。也由此，素行以与朱子以"体"为中心的体用关系相反来把握性情关系与善恶发生的原因。他在《修教要录》中指出："心为七情之本，七情为心之用。用不得正时则心不正。论体必以用，故谓正心以四端者也。"[1] 可见，他与朱子相同，都认为"体＝性"，而"用＝情"。但是如"用不得正则心不正"所示，在素行这里，似乎"用"可以决定"体"。也就是说，素行认为，决定"情"之善恶的，不是作为"体"的善性或者"气"之清浊，而是作为客观事实的"中节"与否。"情"的发而中节，不是作为"体"的"性"或"气"作用的结果，而是善恶发生的原因。由此可见，素行将形而下的、后天的、经验的"情"作为其理论的出发点。可以说，他是在以"用"为中心的体用一致论的立场上来接受朱子学的。

　　3. 对"欲"的肯定

　　人性本善，所以朱子又提出了"去其气质之偏，物欲之蔽，以复其性，以尽其伦"的"存天理灭人欲"的主张。在朱子看来，人因"其气质之偏"及"物欲之蔽"而失去了本然至善之性，从而也就无法体认到天地万物之理，所以要去除气质之性所带来的贪婪及物欲，回到人的本然之性，只有这样才能体验到万事万物之理。

　　对此，山鹿素行反对说：

　　　　师曰：人有这气禀形体便有情欲。于四肢动静，于耳目视听，内感喜怒哀乐，外索饮食男女，人物悉然。其间，人得二五之中其知识尤多，故其欲亦过。物寡知识，故情欲亦寡，只是见闻之间，故无深计远虑之谋。人物之情欲，各不得已。无气禀形之则无情欲

---

①　広瀬豊編『山鹿素行全集』第 3 卷、60 頁。

发。先儒以无欲论之，夫差谬甚矣。①

素行明确指出，有"气禀形体"就有"欲"。"欲"与"气禀形体"是相即不离的。尤其是人，其气禀得阴阳五行的均衡之气，那么自然其知觉事物的"知识"最多，相应的"欲"也就多。物的"知识"寡，那么情欲就少。同时，"知识"多，便会"深谋远虑"，所以人能"深谋远虑"，而物只能停留在"见闻"，不能深入考虑。因此可以说，主张"无欲"，实际上也就否认了人能"深谋远虑"这一长处。可见，素行将"欲"与"知识"结合了起来。

素行认为，朱子继承周子，也主张"无欲"之说。那么，"无欲"之说的问题在哪里呢？素行批评道：

> 愚谓：周子以圣学之要为一，以一为无欲则静虚动直。静虚则明，明则通。动直则公，公则溥。明通公溥，庶矣乎。愚谓：周子以圣学之要为一，以一为无欲，其辞亦简，而其弊太大也。是不理会圣学之实，以约其说。其约皆至过理甘心也。凡欲者情之发动，人生而未尝无此情欲。圣人之教，诚其意，是节其欲，动静在以礼性心，元活物欲，无欲竟不可得。强力除，则心日战也。圣人拒异端，以异端立无欲为宗，违天地之大经也。周子之说尤差谬。②

这里，素行明确批评周子"以圣学之要为一，以一为无欲"流弊太大，是在无视圣学之实。素行认为欲是情的发动，有人便有情欲，圣人之教讲的是要"节其欲"，而不是无欲。接着他又说：

> 朱子曰：无欲之与敬，二字分明。要之，持敬颇似费力，不如无欲撇脱。人只为有欲，此心便千头万绪。是朱子亦为无欲之说。人只有欲为人，有欲为教。此欲惟因知识之全。草木无知，鸟兽知寡者，其欲尤人薄。以草木鸟兽为此圣学之要乎？周子无欲之说不

---

① 井上哲次郎编『日本倫理彙編　卷之四』、167—168 頁。
② 井上哲次郎编『日本倫理彙編　卷之四』、266 頁。

足取。①

素行认为，人之所以为人，之所以有教，正是因为有"欲"之全。主张"无欲"实际上是对"知识"的一种错误理解。主张"无欲"就是否认"气禀"，把人视作与草木鸟兽同等。因此，周子的"无欲"说不可取。

他在《谪居童问》中又说：

> 人之知及万物，故其利心、欲心亦尽万物。故好色而求天下之美，好声而求天下之美声，不得美之至极不止。是乃人性之本，知识秀于万物之故也。然好色、好声不可胜计，事父母、事君亦不可尽其至极。故圣人立忠孝之说，教之臣子，立仁义之道，以为人伦之极道。美人，色之至善；八音，声之至善；忠孝，事君父之至善；仁义，人道之至善也。②

这里，素行把人好色、好美的欲心看作追求事物极致的人性之本而予以肯定，认为这与事君以忠、事父母以孝，以追求人伦之至善是一样的。也就是说，在素行看来，"欲"是人行使"知识"过程中的必备之物，绝不可以摒除。但另一方面，素行也指出"人之情欲必过溢而不知足"，所以"圣人立教制节之"，这是"不得已之自然也"。③ 因此，素行又说：

> 师曰：人皆有欲，多就气禀偏处，其欲不同。气禀之刚底人处事必失大刚，柔底人则处事必失大柔。阳偏，处事必失大过，情多忿怒。阴偏，处事必失不及，情多容退。是皆就气禀偏处，其所见往往不同。是皆情欲。学者，就其偏处克治扩充，则义胜欲。④

---

① 井上哲次郎編『日本倫理彙編　巻之四』、266—267 頁。
② 広瀬豊編『山鹿素行全集』第 12 卷、150 頁。
③ 広瀬豊編『山鹿素行全集』第 12 卷、68 頁。
④ 井上哲次郎編『日本倫理彙編　巻之四』、166 頁。

人人都有"欲"，但由于人与人所受"气禀"不同，"欲"的形式也不一样。这里，素行强调"欲"与"气禀"的关系。气禀有所偏，所以有"忿恨""吝退"等不同形式的情欲。要防止情欲过激，就要习教修道，在其偏处克治扩充，那么"义"就可以战胜"欲"。

综上可见，山鹿素行的人性论与他强调理气妙合的本体论相呼应、相一致。他强调"性"是理气妙合之用，是能感通"知识"者，是"不得已之自然"，因此"性"不可分天命之性与气质之性，也不可言善恶。同时，他认为人欲是人性之本然，是不得已之自然，从而肯定了人的情欲。他将"欲"与"知识"相结合，认为人之所以有"欲"，是因为人有"知识"。另一方面，他还将"欲"与"气禀"联系起来，指出因气禀不同，人欲会有"过不及"，所以人也应该适当地克制自己，在气禀之偏处克治扩充来战胜欲望。

三　对朱子学修养论的批判与重构

"居敬"与"穷理"是朱子学人生修养论中两个基本的修养方法，两者"如车两轮，如鸟两翼"，相辅相成，不可偏废。"学者工夫，唯在居敬、穷理二事。此二事互相发。能穷理，则居敬工夫日益进；能居敬，则穷理工夫日益密。""主敬、穷理虽两端，其实一本。"①

1. "居敬"

朱子从主悟到主静，最后形成了以"居敬涵养"为定论的修养论，对宋明理学产生了重要影响。朱子非常重视"敬"，认为圣人相传，如尧所谓的"钦明"，舜所谓的"温恭""圣敬日跻"，孔子所谓的"言忠信，行笃敬"，孟子所谓的"存心养性"等，都可归结为一个"敬"字。他说："圣贤千言万语，大事小事，莫不本于敬。收拾得自家精神在此，方看得道理尽。看道理不尽，只是不曾专一。"② 因此，朱子说："敬字工夫，乃圣门第一义，彻头彻尾，不可顷刻间断。""敬之一字，真圣门之纲领，存养之要法，一主乎此，更无内外精粗之间。"③ 由此可见朱子对"敬"的重视。

---

① 黎靖德编，王星贤点校《朱子语类》卷十二，第150页。
② 黎靖德编，王星贤点校《朱子语类》卷十二，第206页。
③ 黎靖德编，王星贤点校《朱子语类》卷十二，第210页。

那么，什么是"居敬"？朱子认为，"敬"不是"块然兀坐，耳无所闻，目无所见，心无所思"，而是"有所畏谨，不敢放纵"，是"随事专一，谨畏，不放逸"。① 朱子还认为事物不管是处于"思虑未萌"的状态，还是"思虑交至"的状态，都需要"敬"的工夫。只要坚持"居敬"，就能逐步达到对"理"的透彻理解，从而去除气质带来的种种消极影响，最后达到天人一理的道德境界，使人至善的本性得到彻底的表现。他说："人能存得敬，则吾心湛然，天理粲然一，无一分着力处，亦无一分不着力处。"②

对上述将"敬"视作为学之要的朱子学说，山鹿素行批评道：

> 圣人之教在礼，礼行时乃敬存，专敬则礼不全。宋儒以敬为学问之本，为圣学之所以成始成终者。因此说主一静坐，乃谨厚沉默迫塞狭浅。圣人说敬，多属戒慎恐惧。其戒惧以礼则宽容从容。唯言敬则其心逼塞不通。③

这里，素行批判了以"敬"为学问之本的宋儒之说，认为宋儒的"敬"说曲解了圣人之意。圣人之说"敬"多属戒慎恐惧；而宋儒只言"敬"，则心逼塞不通。继承圣人之说，素行认为："戒慎恐惧者，敬之所发之形也。教因敬而立。敬不在戒慎恐惧则不发。戒慎在内，恐惧在外。"④ 可见，素行并未从"喜怒哀乐"未发之际来把握"敬"，而是将"戒慎恐惧"作为"敬所发之形"。在《山鹿语类》中，素行也对宋儒的持敬说提出批评，认为圣人之教之外，程朱别立涵养存心之说，论持敬静坐之工夫，有使致知格物不通之嫌。他指出：

> 先儒别立涵养存心之说，论持敬静坐之工夫，最非圣人之教。是致知格物之理未通，故烛理不明，而有是惑也。凡先儒所谓涵养者，存养本根而不失之谓也。程子曰：养知莫过于寡欲。朱子曰：

---

① 黎靖德编，王星贤点校《朱子语类》卷十二，第210页。
② 黎靖德编，王星贤点校《朱子语类》卷十二，第210页。
③ 塚本哲三编『山鹿素行文集』、14頁。
④ 広瀬豊編『山鹿素行全集』第2巻、62頁。

养得根本是也。物格而后知至，知至而后意诚心正。是圣人示教，深切著明，而最易简也。①

伊川曰：入道莫如敬。未有能致知而不在敬者，是皆持敬之说。而朱子以为程子所以有功于后学者，最是敬之一字。自是后学相续而唱和，圣学之徒悉陷迫切急卒也。入道在格物致知，践实在诚意正心。格物者知也，诚正者行也。知行并进则身修，专以敬论之，则迫狭而不通，敬是非不可持而必持，敬亦是偏塞了。程朱之论，不得格物之极，故其说差谬也。②

程朱将"敬"作为涵养德性的工夫，且把"敬"当作入道的唯一有效途径。对此，山鹿素行提出了批判，指出自程朱提出持敬说后，"后学相续而唱和"，于是"圣学之徒悉陷迫切急卒"。程朱只将"敬"字当作入道的唯一途径，却忽视了格物致知、正心诚意的重要性。因此，他指出格物是"知"，正心诚意是"行"，因此知行并进方能实现身修。如果像程朱那样，专以"敬"论"修身"，则"迫狭而不通"。同时，他明确指出："程朱之论，不得格物之极，故其说差谬也。"从格物致知的观点对程朱的居敬说提出了批判。

如上，素行否定了程朱将"敬"作为涵养德性的工夫说，并进一步提出"持敬"须在日常行为中。他还认为："学者穷尽日用事务而究其知，可恭敬时恭敬，别无持敬。"③

2. "格物致知"

朱子的格物穷理思想可追溯至《大学》。"格物"和"致知"原本是作为道德伦理修养的命题在《大学》中被提出的。宋代以前，二者极少连用，至宋代，以程朱为代表的理学家把它们上升为认识论的重要问题，进行了解说与阐发。朱子在二程的基础上，通过《大学章句》及"格物致知"补传突出了"格物致知"在儒家为学成人、修己治人方面的出发点地位，并通过进一步阐发解析，形成了以格致论为核心的理学体系。

朱子解释"格"为"至"或"尽"，解释"物"为"事"。"格物"

---

① 井上哲次郎编『日本倫理彙編　卷之四』、146頁。
② 井上哲次郎编『日本倫理彙編　卷之四』、161頁。
③ 広瀬豊编『山鹿素行全集』第2卷、83頁。

就是达到事物的极致，"是穷得这个事当如此，那个事当如彼"。① "世间之物，无不有理，皆须格过"，② "格物"就是要穷尽事物的本然之理。因此朱子有时又将"格物"说成是"即物穷理"。这里的"物"指一切具体事物，"上而无极、太极，下而至于一草、一木、一昆虫之微"。③所以他要求："于分殊中事事物物，头头项项，理会得其当然，然后方知理本一贯。"④ 可见，朱子"格物"的对象既包括人的身心性情、社会的人伦日用，也包括天地鬼神、鸟兽草木等自然界事物。

朱子认为，格物必然涉及接物，但又不能只限于接物，必须在接物中求其理，而且，求理必须"究其极"，要知"理之所以然与其所当然"。朱子说："格物者，欲穷极其物之理，使无不尽，然后我之知无所不至。"⑤ 朱子的"格物"，往往又与致知联系在一起。他说，"格物以理言也，致知以心言也"，"格物只是就事上理会，知至便是此心透澈"。⑥在朱子看来，格物只是就事物和理而言，要求穷尽物之理；致知则是就我之知识而言，要求推极此知识。其实格物与致知是同一过程。

山鹿素行非常同意朱子的格物致知说，认为在明格物致知之字义方面，程朱功不可没：

> 至宋二程氏，初明格物致知之字义，以穷理为说。朱子取程子之意补其缺，愈穷理之说广于世，而格物致知之学以相传。程朱之功于圣门，诚学者之大幸也。⑦

然而，接着素行指出了他所认为的朱子的不足之处：

> 愚谓：致知之功在格物。格物之说，程朱虽详论，有所未尽。

---

① 黎靖德编，王星贤点校《朱子语类》卷二十七，第284页。
② 黎靖德编，王星贤点校《朱子语类》卷二十七，第286页。
③ 黎靖德编，王星贤点校《朱子语类》卷二十七，第295页。
④ 黎靖德编，王星贤点校《朱子语类》卷二十七，第677—678页。
⑤ 黎靖德编，王星贤点校《朱子语类》卷二十七，第294页。
⑥ 黎靖德编，王星贤点校《朱子语类》卷二十七，第292页。
⑦ 井上哲次郎編『日本倫理彙編　卷之四』、150頁。

故其说谓下最有差谬。格物之说不明，则致知之极亦不正也。①

对于"格物"之字义，素行说：

　　愚谓：格者，至也。程朱既考其字义，皆有据，今从之。物者天地人物，都有其象形底，形而下者也。有物则有其本，有其事则有自然之标准。故学者即物详尽穷其事理，至其极，是格物而致知也。物有本末，事有始终。详至其物，是格物也。既尽其物，则其事理之极粲然，是致知也。物者在彼而外也，知者在我而内也。内外精粗，物我相因，而其用全具，无不贯通，是天地之自然也。②

　　可见，素行继承朱子的解释，释"格"为"至"之义。对于格的对象"物"，素行解释为天地人物，认为物是有象形的、形而下的实际存在。在素行看来，"物"不是主要指外在的自然物，而更多地指"事"。较穷尽物之理，他更强调"事理"，主张"既尽其物，则其事理之极粲然"。另外，格物的目的是了解"自然之标准"。所以，素行并不太重视所以然之故的物理法则，而是强调所当然之则的行为规范。格物以致知后，便物我相因，无不贯通。

　　关于"致知"，素行说：

　　或问：朱子《大学章句》曰致推极也，知犹识也，推极吾之知识，欲其所知无不尽也。此字注如何？师曰：朱子《章句》犹得当。愚按，致者，至知之极致也，我知识得其至，则其知实而不陷邪恶也。③

　　由此可以看出，素行非常认同朱子《大学章句》中对"致知"的解释，认为"致"是推极之义，"知"犹"识"，"致知"就是推极吾之知识，达到"知"的极致。知识达到极致，就不会陷入邪恶。

---

①　井上哲次郎編『日本倫理彙編　卷之四』、150頁。
②　井上哲次郎編『日本倫理彙編　卷之四』、152—153頁。
③　井上哲次郎編『日本倫理彙編　卷之四』、149頁。

素行反对只致知而不格物，非常强调格物要在致知之前，"物格而后知至"。他说：

> 《大学》曰：致知在格物。又曰：物格而后知至。是故知之要，在格物也。物格则知惟至而无不通也。愚谓：物者天地之间万物也。天地亦物也，况人物乎。凡有物则有事，则有事有则，是其所自然而不容已也，其所当然而不可易也。（中略）凡天下之事理，无因物而不出，故能至其物而无不尽。则其知乃至而无不通也，知至也。①

格物的方法是接物，而所谓的物即天地间的万物，最终素行强调的还是事物之则，强调事物之则的"自然而不容已"。另一方面，山鹿素行认为程朱的格致说"有所未尽"，仍有"不明"或不足之处。他指出：

> 《朱子章句》曰：穷至事物之理。今学者终日终夜思，穷至事物之理，竟不可得。其弊以至悟觉底，是象山阳明不用程朱之说也。又补阙文曰：即凡天下之物，因其已知之理，而益穷之，以求至乎其极。即天下之物之语，最洪伟而无所取。人生有限，天下之物，一一何尽穷乎？已知之理者，指人心之灵莫不有知之知，此句不通。人心之灵者，知识也。虽有知识，不格物不致知也。因此句则我知犹谓已通贯万物，故以益穷字，是或问所谓以其理之同，故一人之心而于天下万物之理，无不能知。②
>
> 或问：程朱各以穷理为格物，其蔽塞在何处？师曰：程朱穷理之说，其重在理之一字。言天地间虽事物之万差，索其本，则一理为分殊，其清浊偏正、浅深厚薄者，气质物欲，而天命之性，心知识是一也，故其虚灵，是以管乎天下之理。理虽散在万物，而其用之微妙，实不外乎一人之心，是理之极处未尝不通之谓。而其穷究底者，以类推之，积习久而一旦豁然，是程朱格物穷理之极也，其

---

① 井上哲次郎編『日本倫理彙編　卷之四』、143—144頁。
② 井上哲次郎編『日本倫理彙編　卷之四』、153頁。

说于《章句或问》尽之。愚谓：天地万物，其形象因阴阳五行，其本一，而既为天地，既为万物，则不可以一理论之。圣人既曰格物，则以穷理不可易之。穷理之字出《大传》。凡穷理者穷尽其条理也，物与事皆有道有理，不谓物与事，而惟谓穷理，则性命之说，而分殊不明。经文既出物字，是其表章最明也，故能至尽其物，则其知是致也。穷理者近致知，而全不在格物上。①

《山鹿语类》中记载了素行反复解释说明"格物致知"之意的内容。他认为，人作为学习的主体，要自然而然地感受事物之法则，进而将格物过程中获得的德性之知扩大到家国天下，使物各得其所。这里，素行认为格物的过程是"自然而不容已"的，也就是自然而然的。运用事物的道德法则去处理各种事务，并达到其极致，这就是致知。

第三节　山鹿素行的神道观与日本中朝主义

山鹿素行年轻时就接触了神道，他在回忆录性质的著作《配所残笔》中对此叙述道："十七岁之冬，高野按察院光宥法印传授神道。神代之卷不及申，神道之秘传不残传授。其后，壮年之比，有忌部氏嫡流者广田坦斋，传授根本宗源之神道。其时将忌部神道之口诀不残相传并书付证文。"② 素行年轻时就接触学习了两部习合神道、忌部氏的根本宗源神道等。另外，堀勇雄研究指出，素行还学习过林罗山的理当心地神道及吉田（卜部）家的元本宗源神道等。③ 然而，山鹿素行在四十八岁流放期间所作的《中朝事实》中，却对这些神道说进行了批判，认为这些神道说要么以神圣为佛之垂迹，要么以太伯为祖，皆是牵强附会之说。他说：

　　释氏彼州之大圣，融通其水土人物以设其教。其道在西域可，但不可施诸中国。……释教一度通，人皆归之，天下终习染而不知

---

① 井上哲次郎编『日本伦理汇编　卷之四』、153—154 页。
② 塚本哲三编『山鹿素行文集』、462 页。
③ 堀勇雄『山鹿素行』吉川弘文馆、1959、53 页。

其异教也。牵合附会，以神圣为佛之垂迹，犹如以腐儒之太伯为祖。呜呼，是何谓哉！①

　　这里，山鹿素行虽没有明确指名，但实际上就是对两部习合神道基于"本地垂迹"说的"佛本神迹"及林罗山的理当心地神道基于"皇祖太伯"说的"儒主神从"神祇观进行批判。由此也可以看出，山鹿素行并不承认日本的神祇与佛教诸佛菩萨和儒教圣贤之间谱系上的从属关系，试图强调日本神祇的独特性及尊贵性。

一　素行神道论的基本态度与论点

1. 神道论的基本态度

　　素行的神祇观中有着极强的日本神祇尊贵、神道独特的日本中心主义倾向。但这种日本中心主义的神道说并非始于素行。如室町时代，集吉田神道之大成的吉田兼俱（1453—1511）在其著作《唯一神道名法要集》中就说："我日本生种子，震旦现枝叶，天竺开花结实。故佛教为万法之花实，儒教为万法之枝叶，神道为万法之根本。"② 吉田兼俱的这一"根叶花实"论可以说是日本中心主义神道论的典型论说。然而，素行对这种习合附会的神道说并没有兴趣，他甚至在《谪居童问》中对忌部神道的《古语拾遗》及吉田家元本宗源神道的《唯一神道名法要集》展开了批评。

　　　　忌部广成之《古语拾遗》、卜部兼延之《名法要集》等，云家家传来相乘。皆是依奉事主神事之宗源之神说，云只一宗源神道。然异说多而难一决。只知奉事神业与遗敕之神道，究此二者，共不以圣人之道难信用也。③

　　这里，素行指出《古语拾遗》与《唯一神道名法要集》是"不以圣人之道难信用也"。可见，素行所坚持的立场是以圣人之道说神道的

---

① 井上哲次郎编『日本倫理彙編　巻之四』、448 頁。
② 大隅和雄校注『日本思想大系　19　中世神道論』岩波書店、1986、234 頁。
③ 広瀬豊編『山鹿素行全集』第 12 巻、283—284 頁。

"圣道"神道观。

所谓"圣道"就是其字面意思的圣人之道，素行常以"圣学""圣教"等作为"圣道"的同义词使用。儒学中的圣人是尧、舜、禹、汤、周公、孔子等所谓汉土圣人，"圣学""圣教""圣道"主要指这些圣人的学问教化以及其中的修己治人之规范等。这既是日本近世儒学界的常识，也是素行"圣学"思想中所保持的基本学问态度。后来，素行由"中华圣学"转向"日本圣学"，主张日本诸神才是"圣人"，以神敕为始的遗迹教才是"圣学""圣教"的渊源，从而最终走向神道才是"圣道"的日本中心主义神道论。

2. 神道论的基本论点

《谪居童问》中说："崇天神地祇，正圣神，而其名号自备圣人之道也。"① 可见，在素行看来，天地神祇的名号并不是单纯的名称符号，还是"圣神"立道的表现，所以其名号之中有着具有绝对权威性及普遍妥当性的规范。基于此，他在《中朝事实》"天先章"中说：

> 天者，气也，故轻而扬。地者，形也，故重而凝。人者，二气之精神，故位其中。凡天地人之生，元无先后，形气神不可独立也。天地人之成，未尝不有先后，气倡之，形和之，神制之。盖草昧屯蒙之间，圣神立其中，悠久而不变。是尊其神，所以号国常天中也。夫天道无息高明，地道久远厚博，人道恒久无疆。天得其中日用明，地得其中万物载，人得其中天地位。恒中之义，所以正万代之神圣其祚也。二神之迹，虽今不可知，窃幸得闻常中二尊号，是本朝治教休明之实也。②

这里的"常""中"有两层含义。一指出现在日本神话中的原初之神国常立尊与天御中主神，二指二神所设立的圣道。素行将国常立尊与天御中主神视为日本至高无上的"圣神"或"圣人"。此二神的"常""中"体现了日本"圣道""圣教"的内容，是日本政治、教化的依据。

---

① 広瀬豊編『山鹿素行全集』第12卷、333页。
② 塚本哲三編『山鹿素行文集』、210页。

那么，对于"常""中"二义，素行是如何具体把握的呢？素行并没有单独对"常"进行说明，而是通过对"常"的同义词"恒"的解释说明展开了论述。他在《谪居童问》中对"恒"解释说："《书》曰：政贵有恒。无数数变易，立一定之制也。"① 这是素行关于《书经》"毕命"中"政贵有恒"一句的论述。素行认为"恒"就是永远不变的一定之制。所以，在素行看来，"常"就是"恒"，"国常立尊"之名号表示的是"悠久不变"，是"天道无息高明，地道久远厚博，人道恒久无疆"。

关于"中"，山鹿素行在《山鹿语类》卷三十六中论述道：

> 师曰：以中为天下之大本，这个无偏倚底，能穷尽来，则情之于喜怒哀乐，皆可中节。是所以中为大本也。若此中为天地万物之理，无所不该则未是也。这个无偏倚之中，是为事物之定理也。以此中为本，时时穷尽来，其应用悉中节，是时中也。故曰：和也者，天下之达道也。达道是时中，而时时穷理来，中节也。未发之前曰中，已发之后曰中节。同以中字言应用底，皆以中节为中也。皆中节，则事物能和顺而不戾违，是和也。中与和其理一，而其用别也。若混合则不是底。中者大本，而和应接底。中之用于和，初明白也。达道者，达古今上下公共底之至理，人人不可离之道也。②

素行继承儒教"允执厥中""君子时中"等"中"的思想，认为"中"是天下之大本，是不偏不倚、公正无私之道。素行还将"中"这一含义用到其神道解释上来，认为天御中主神名号的"中"字代表的就是"允执厥中""君子时中"之"中"道。"天得其中日用明，地得其中万物载，人得其中天地位。"如此，素行将"常"与"中"作为日本政治、教化的根本理念，认为"常""中"二道是日本"治教休明之实"。素行明显借用了儒教"常""中"的理论，将之援用到其神道论中。

但山鹿素行并不承认他的理论借用自儒教，而是认为"常""中"之道本身就存在于日本。日本自古以来"神神相生，圣皇连绵，文武事

---

① 広瀬豊編『山鹿素行全集』第 12 卷、420 頁。
② 井上哲次郎編『日本倫理彙編　卷之四』、317 頁。

物之精秀"便是最好的证明。他在《中朝事实》"中国章"中论述道：

> 盖中有天之中，有地之中，有水土人物之中，有时宜之中，故外朝有服土之中之说。迦罗有天地之中也之言。南人亦曰得天之中。愚按，天地之所运，四时之所交，得其中，则风雨寒暑之会不偏，故水土沃而人物精，是乃可称中国。万邦之众，唯本朝及外朝得其中，而本朝神代，既有天御中主尊，二神建国中柱，则本朝之为中国，天地自然之势也。神神相生，圣皇连绵，文武事物之精秀，实可应之也。①

> 所谓中者，精秀之气，天地以位，四时不违，阴阳惟中，寒暑不过，人民以止，万物以聚，礼仪惟立，武德以行。而后可称墺区，可谓土中。本朝自始有中柱、中国之号。况神武帝制中州，都墺区乎？共皆得其精秀。及平安城，选之极中之至，一归立神圣国之道。②

　　也就是说，在素行看来，"常""中"是日本"圣道＝神道"与中国的"圣教＝儒教"所共通的根本理念。因为"常""中"是同禀天地之精气的圣者，日本（素行称为"中华"）的"神圣"与中国（素行称为"异朝""外国"）的"圣人"所设立的共通且又各自独立的"圣道"与"圣教"。日本是自始便得天地之精气的地方，所以有"中柱""中国"之谓。这些都是日本自古以来就存在"中"之道的证明。所以，素行认为称本朝日本为"中国"，是"天地之然之势"。

二　神敕中的"圣教"

　　山鹿素行在《谪居童问》中说："本朝往古之神敕，是乃圣人继天而建极之道也。儒师者，教圣人之道之人名也，出自《周礼》也。然虽无儒之名，本朝往古平天下治国，皆是儒之教也。"③可见，素行试图从"本朝往古之神敕"中找到可以与儒教匹敌的"圣教"。这一点由素行对

---

① 塚本哲三编『山鹿素行文集』、218 页。
② 塚本哲三编『山鹿素行文集』、226 页。
③ 広瀬豊编『山鹿素行全集』第 12 卷、286 页。

"无道不可以君临宇宙""天壤无穷""当犹视吾"三神敕的论述可以窥见一斑。

1. "无道不可以君临宇宙"之神敕

据《日本书纪》记载，伊奘诺尊、伊奘冉尊二神对性情残暴的素盏鸣尊宣敕曰："汝甚无道，不可以君临宇宙。固当远适根国。"对此，素行在《中朝事实》"神教章"中论述道：

> 谨按，二神严建立之谋，正谕教之法，如此。无道不可以君临宇宙九字，建万世天子之教戒也。宇宙之洪，人物之众，因人君而得尽其性。人君不正时则政礼不中，政礼不中时则人民手足无措，品物夭折灾害并臻。所谓道者，人物所由行之名也。人物不可由行时则虽善而无征不尊，人君不由此道御宇宙时则非人君。故今言无道，告诫此神，以垂后世也。（中略）噫！神之一言至尽。外朝圣贤世子建谕之原，千差万别者，亦在有道与无道也。至此言此道，是乃圣神教学之实，后世所由行者也。①

在此，素行将"无道不可以君临宇宙"的神敕作为诺、冉二神对后世太子即继承帝位成为人君者所定的神圣教戒。同时，素行也指出，天下万民能否过得安稳，取决于人君是否有道。可见，素行根据诺、冉二尊的神敕，谓日本早在神代就已经存在排斥"无道"而重视德治的"圣教"。

2. "天壤无穷"之神敕

《日本书纪》记载，天孙降临时，天照大神对皇孙宣敕曰："苇原千五百秋之瑞穗国，是吾子孙为王之地也。尔皇孙就治。行矣。宝祚之隆，当天壤无穷。"这便是"天壤无穷"的神敕。对此，山鹿素行在《中朝事实》"神治章"中论述道：

> 谨按，是天神治道之始也。与天壤无穷五字，祝宝祚以尽治平之道。夫天地至诚无息，悠远博厚，覆物载物，而得此无穷。君子以自强以厚德时，则无往而不利。人君以之为体御四海时，则万物

---

① 塚本哲三編『山鹿素行文集』、260頁。

咸宁，是所以天壤无穷也。天道亏盈，地道变盈，鬼神害盈，人道恶盈，故缓则必失，升而不已则必困，享时则尽，是所以谦德保其终也。大己贵命、少彦名命所共言之谦是享之谓乎？然乃圣主法乾坤之德，乘六龙，居下济之谦，以御四海时，则治教之道，应天壤无穷也。①

素行解释道，皇孙降临苇原千五百秋之瑞穗国，天照大神宣敕皇孙"与天壤无穷"五字，这是天神治道之始。这五字不只是祝福宝祚永久之意，还体现了皇祖神所教示的治国平天下之道。

素行还用儒教"天地至诚"来阐明"天壤无穷"。至诚无息能覆物是天之大德，悠远博厚能载物是地之大德。天地以至诚无私之大德为基，不断生成化育万物，所以无穷也。所谓的"无穷"是指天地不断生成化育万物之大德。

"天壤无穷"之神敕还要求人君自强厚德，无往不利。君子则天地之道，修身养德，则万物皆宁，万事皆顺。人君体得天地之大道、大德，并以此治国，则天下太平。综上可见，素行认为"天壤无穷"之神敕所体现的"圣教"真义，是则天地之大德，尽治平之道。

3. "当犹视吾"之神敕

《日本书纪》记载："天照大神，手持宝镜，授天忍穗耳命，祝曰，吾儿，视此宝镜，当犹视吾，同床共殿，可为斋镜。"此神敕本为天照大神授予其子天忍穗耳命的，后皇孙天津彦彦火琼琼杵尊替其父降临时被授。对此，山鹿素行在《中朝事实》"神教章"中指出：

> 谨按，是往古神敕也。当犹视吾四字，乃天孙皇祖传授皇孙之天教，千万世皇统谨守顾命也。其言简，其旨远。虽尧舜禹之十六字，岂外此乎？②

素行指出，"当犹视吾"四字，言简意赅，其意义与尧舜禹之十六

---

① 塚本哲三编『山鹿素行文集』、276 頁。
② 塚本哲三编『山鹿素行文集』、265 頁。

字无异。"尧舜禹之十六字"指的是《书经·大禹谟》中的"人心惟危，道心惟微，惟精惟一，允执厥中"。这十六字是尧舜禹禅让帝位时的告诫，意思是言行要符合不偏不倚的中正之道，才能治理好国家。那么如何才能做到符合中正之道呢？也就是说该如何用功呢？对此，素行在《山鹿语类》中有言如下：

> 或问：惟精惟一者，舜之所以授禹，是执厥中之穷理。而惟精惟一，如何用功？（中略）愚谓：精者，穷理来而无不尽也。精字从米从青，米之洁白，至其青色尽矣。凡物之纯至者，皆曰精。是事物之间，穷尽其至善之谓也。一者，古今上下不异不变之称，至大公底也。学于动静云为之间，无少间断穷理来，乃可得这个中。其穷尽不详，竟以意见臆说断然为其极，是不精之所致也。其所为至极，不以至公底，唯合己私，故不通古今，不涉上下，是不一之所致也。精一之工夫，圣圣授受之大要。天下之理，岂有以加于此哉。（中略）精一而固守，是惟精惟一，允执厥中之谓也。①

素行解释"精"为"穷理来而无不尽"，"一"为"古今上下不异不变"，并认为"学于动静云为之间，无少间断穷理来"，便可实现"允执厥中"。也就是说，通过"精一"之工夫，便可得"中"，做到不偏不倚之中正。素行将日本神话中的"当犹视吾"四字视作与尧舜禹之十六字有相同的含义。也就是说，在他看来，"当犹视吾"四字，就是天照大神告诫其皇孙治理国家要符合不偏不倚的中正之道。那么，他又是如何证明此四字神敕传达了与圣人之教相同意旨呢？他在《中朝事实》的"神器章"中指出：

> 盖镜者，本有可明之象。琢之磨之不息时，即日新不暗。袭藏神秘以不顾时，则日暗不新。犹如人君有可明之质，致之尽之不止时，则其知日新。高威远下以不规时，则其德不正。夫人君之道，要在明其知。其知不明，则或云宽仁，或云果断，共不中其节。知

---

① 井上哲次郎編『日本倫理彙編　卷之四』、323 頁。

至而后曰德曰勇，以可行之。（中略）大神手持宝镜，别示神敕，以同床共殿者，是乃日新日强，无息之宝也。治教之义大哉。[①]

天照大神之所以授之以宝镜，就是告诫作为人君的皇孙要致尽其"可明之质"，明知正德，日新日强，行大德大勇之道。这就是"治教"之大义。可见，素行将"当犹视吾"的神敕作为皇祖天照大神告诫其子孙，即日本关于"执中"之道的祖训。

综上所述，山鹿素行认为，"无道不可以君临宇宙""天壤无穷""当犹视吾"三神敕中蕴含着与"外朝"之"圣学"相同的真义，是"本朝"神圣相传的"圣教"。

山鹿素行借用儒教理论以神儒习合的方法对日本神话进行了自己的解释，并将"神话"作为事实、作为经典看待。他用儒教理论进行解释论述，却又将其改造成日本所固有的。他的真正意图无非通过日本的"神"之道（神道）与中国的"圣人"之道（儒教）的相对化，论证"圣教"同样存在于日本。可以说，他以偷梁换柱的方式将中国的"圣学"内容安在日本神话中，并站在神道本位的立场强调日本的优越性。他在《中朝事实》中论日本的风土说：

愚窃考惟，四海之间，唯本朝与外朝，共得天地之精秀，神圣其一机（日语读音为いっき，此处应该是一揆之意——引者注）。而外朝亦未如本朝之秀真。凡外朝，其封疆太广，连续四夷，无封域之要。（中略）独本朝，中天之正道，得地之中国。正南面之位，背北因之险。上西下东，前拥数州利河海，后据绝峭望大洋，每州悉有运漕之用。[②]

山鹿素行认为，四海之中只有日本跟中国得天地之精秀。但"外朝"（即中国）疆域太过于广，且四面接夷狄，需要修筑长城。而"本朝"（日本）"中天之正道，得地之中国"，所以，日本之道才是正道，

---

① 塚本哲三编『山鹿素行文集』、252 页。
② 塚本哲三编『山鹿素行文集』、221—222 页。

日本才是"中国"。从地理环境上来讲，日本拥有山川河海，物产丰富。与"外朝"（中国）相比，更加"秀真"。

山鹿素行在《中朝事实》中用儒学附会解释日本神话，将日本神话作为"事实"，整部书充斥着"日本是中华""日本是神国"的论调，这是典型的强调日本优越性的论调。

不同于藤原惺窝、林罗山等儒主神从的神儒习合论，也不同于山崎暗斋及其学派垂加学派主张神儒"妙契"的神儒习合论，山鹿素行的神儒习合论有他自己的特点。虽然没有直接提出神儒关系论，但他的神道论几乎是通过借用儒学的内容解释日本神话构建起来的。他借用中国儒学中的"道""道统""礼""德治"等理论来附会日本神话，确立了日本的"道""皇统""礼""德治"等理论，并以此构建了日本的"皇国史观"。另外，他还用中国的华夷观念建立日本为"中朝"、中国为"外朝"的日本中朝主义思想，处处强调日本的优越性。山鹿素行的这种论调对日本近代以来逐渐形成的军国主义思想产生了影响。

结　语

　　本书以日本近世的神儒习合思想作为主轴，比较分析林罗山、山崎暗斋、贝原益轩、山鹿素行四位极具代表性的"神儒兼摄"学者的习合思想，以窥探儒学在被德川儒者接受和吸收后所产生的质变与日本化现象。

　　日本学者平重道曾就日本的近世思想指出："进入近世以后，日本迎来了宋学真正得到移植并逐渐兴盛的时期，神道也进一步巩固了自身的理论依据，不得不面对这样一个新时代来主张自身所要完成的使命。"①仔细思考这段话，可以发现其中有两层意思。一是宋学与神道思想是近世思想中的两个重要指标，宋学（儒学或儒教）与神道之间的"交涉"是近世思想的一个重要特征。也就是这里说的，神道借助宋学的理论进一步"巩固"了自身的理论依据。另一层含义可以理解为，在自（神道）他（儒学）的紧张关系中，日本的主体意识逐渐形成。从中世的"神佛习合"，到近世在排斥佛教及神佛习合的同时又反过来强调"神儒习合"，再到近世后期强调神道独立的"国学、复古神道"，日本的主体性思维逐步确立。

　　进入近世，随着以朱子学为代表的儒学思想的普及与深入，其与神道的习合倾向越来越显著。但在习合的过程中，"尽管儒学思想作为最高的理念或者原理一点也没有遭到排斥或弱化，但是其作为外来学问的'身份'本身却不可避免地出现了'破绽'"。②也就是说，儒学作为外来学问，始终避不开"他者"身份。

　　纵观日本思想史，日本思想文化实际上是在日本固有神祇信仰（神道）与其他外来思想的不断"习合"中形成的。学者卞崇道运用"融合与共生"的概念，认为日本文化走的是"共存—融合—共生"的道路。

---

　　①　平重道「神道思想」古川哲史・石田一良編『日本思想史講座　4　近世の思想1』雄山閣、1977、165頁。

　　②　吴光辉编《哲学视域下的东亚——现代日本哲学思想研究》，第292页。

他指出："若以哲学思想为主线来看，可以说，明治时代以前为日本哲学思想酿生、展开与成熟时期；其后为现代日本哲学诞生、成长与结果的时期。前者以中国思想的导入为契机与介质，后者以西方哲学的移植为契机与介质。"① 吴光辉针对日本文化或日本人的思维方式，通过近世神道的展开，勾勒出一个"受容—习合—独立"的文化结构，进而指出，这样的文化结构才是历史的真实反映。

无论是中世的神佛习合，还是近世的神儒习合，抑或是近代日本文化对西方文化的吸收，都可以看作日本本土文化与外来文化习合的过程。也可以说这一习合的过程是从共存到融合再到共生的过程。就整个日本思想史来看，习合是日本本土神祇信仰与外来宗教思想交融共生的呈现形式。日本人的复合型宗教行为就是习合的产物。

以近世初期神儒习合思想的展开来看，无论是作为朱子学拥护者的林罗山、山崎暗斋，还是对朱子学存疑的贝原益轩，抑或是批判朱子学并提倡回归孔子"圣学"的山鹿素行，都是站在日本主体性的立场来强调神道与儒教之间的"合一"，他们的思维都是习合式的。所不同的是，林罗山倾向于淡化神道色彩以求符合儒道原则，强调神道与儒教的一致；山崎暗斋则加强儒学的宗教色彩以符合日本神道思想，强调神道与儒教之间的"妙契"；贝原益轩主张神道与儒教的"并行不相悖"；而初奉儒道、晚年倾倒于神道的山鹿素行，一边用儒学理论附会神道，一边强调神道的独特性及日本的优越性。但是，无论他们怎么强调神格以及神道的特殊性、优越性，都无法忽视儒学对神道的作用。他们通过习合神道与儒教，构建起神道理论，但这是通过儒家的形制克隆而形成的，是儒学式的"神道"。

另一方面，习合的过程，也是日本人认识"自我"与"他者"，建立自我主体意识的过程。而当这种自我主体意识逐渐明确后，他们又开始反对习合。如本居宣长对荻生徂徕"古辞义学"的全面批判及否定，就是在反对徂徕同中华思想的习合。从契冲到荷田春满、贺茂真渊再到本居宣长，虽然都在反对徂徕学的中华古学回归，但他们的回归到《古事记》所记载的日本神话时期的复古主张，又与徂徕学极其相似。很明

---

① 卞崇道：《融合与共生——东亚视域中的日本哲学》，人民出版社，2008，第 1 页。

显，这是因为习合本土文化与外来思想时，不可避免地会遇到如何处理"自我"与"他者"关系的问题。而这种"自—他"的紧张关系在德川儒者的身上得到了充分体现。

以近世初期主张神儒习合的德川儒者为例，作为日本人，又作为儒者，他们常常处于一种"政治自我"与"文化他者"的矛盾之中。[①] 也就是说，从政治归属感方面而言，他们的政治身份认同自然是日本的，即"政治自我"是日本人；而从文化及其价值传统而言，他们身为儒者，儒学却又是外来的，是"他者"。那么，于他们而言，如何处理这种"自我"与"他者"的矛盾就成为一个重要的问题。就此问题，山崎暗斋与其弟子之间有段对话很有意思，也很有代表性：

> （山崎暗斋）尝问弟子曰："方今彼邦，以孔子为大将，孟子为副将，率骑数万，来攻我邦，则吾党学孔孟之道者如何为之？"弟子咸不能答。……曰："不幸若逢此厄，则吾党身披坚，手执锐，与之一战而擒孔子，以报国恩。此即孔孟之道也。"[②]

这里，山崎暗斋向弟子提出了一个极具启示意义的假设性问题，如果现在中国以孔子为大将、孟子为副将攻击日本，那么我们这些学习孔孟之道的人该怎么办呢？暗斋的问题说明他作为日本儒者在政治与文化间自我身份认同的矛盾。他的"政治自我"认同于日本，儒者的文化身份却认同于中国这一"他者"。所以，假设孔孟率军攻日本的场景出现，作为儒者的他们就会处于"自我"与"他者"的紧张矛盾之中。

虽然暗斋以"与之一战而擒孔子，以报国恩。此即孔孟之道也"回

---

① 学者黄俊杰就17—20世纪中日文化交流过程中"自我"与"他者"的互动关系，提出了"政治自我"与"文化自我"的张力、"文化自我"与"文化他者"的张力、"政治自我"与"政治他者"的张力、"文化他者"与"政治他者"的张力四种类型的紧张关系。他指出，所谓"政治自我"是指"人以其对国家、社群或团体的政治归属感为其基础，所形塑的'自我'"，而"文化自我"，则是指"人浸润在并认同于某一个文化及其价值传统中所构建的'自我'"。"政治自我"以"政治身份认同"作为基础，"文化自我"则建立在"文化身份认同"之上。详见黄俊杰《东亚文化交流中的儒家经典与理念：互动、转化与融合》，华东师范大学出版社，2012。笔者认为，德川儒者面临的自他紧张关系，主要来自"政治自我"与"文化他者"之间的矛盾。
② 原念斎著、源了円・前田勉訳注『先哲叢談』巻三、平凡社、1994、118—119頁。

答了这个问题，但对日本儒者而言，这个答案的说服力明显有所欠缺。所以，他们不得不去构建一种属于自己的文化身份认同。于是，神道出场了。山崎暗斋神儒"妙契"说的提出，无疑就是为了解决这一矛盾。儒学中所讲的"孔孟之道"如果同样存在于神道中，且这种存在是先天性的冥冥之中的"契合"，而非取自中国，那么，问题也就迎刃而解了。

关于处理"自我"与"他者"问题，贝原益轩指出：

> 本邦风气淳美，可为善国也，称为君子国，不亦宜乎。然上世草昧之时，礼法未备，无衣冠之制，被发左衽、娶姊妹姨侄为婚之类，不可枚举。迨中叶屡通聘于中华，有所视效，而变其旧俗者多矣。其载国史者，可看也。然则本邦古来虽独立不臣服于中华，然资用于中华之风教者多矣，可谓师国。不可不知其所本可贵，不可轻慢。①
>
> 夫本邦之帝胤，万世传继不易，此一事可为吾邦之一大美事，万世不易之法，而中华暨诸夷之所以不及也。②

这里，贝原益轩虽尊中国为"师国"，认为日本受中国影响，但也强调日本"风气淳美，可为善国"，并认为在"帝胤万世传继不易"方面甚至优于中国。于是，在处理神道与儒教的关系时，他强调两者并行不相悖，认为"道"共通于两者之间，神道与圣道无异，都是厚人伦之道。所以，日本人学习四书五经，只是神道经典对"道"的记述不如中夏之书详细，而借助其了解"道"而已。

而林罗山创立"理当心地神道"，强调"神道即王道"，宣扬日本神国论，无疑也是为了缓解这种"自我"与"他者"的紧张关系。至山鹿素行，则"政治自我"得到凸显，"日本主体性"思维也随之加强。素行斥责"专嗜外朝之经典"的现象，认为神道就是日本的"圣学"，只有日本才有资格被称为"中国"，并对日本大加称赞，处处强调"日本乃神国"的论调。虽然他构建日本圣学的理论仍然是儒学理论，却开始

---

① 井上哲次郎編『日本倫理彙編　卷之八』、75頁。
② 井上哲次郎編『日本倫理彙編　卷之八』、118頁。

抵触作为"他者"的儒家经典。

儒学在中国的文化语境下，在政治上与文化上的身份认同是融贯为一的。但是，当德川儒者接受儒家思想时，就会出现在政治上与文化上身份认同的不一致。"政治自我"与"文化他者"之间总是处于紧张状态。于是，为了缓解或消除这种紧张，他们以习合的方式，融合神道与儒家思想，融合之后又借助儒学理论巩固神道，进而谋求神道的自立，试图实现政治身份认同与文化身份认同的一致。

附　录

一　儒学在明治日本的变迁及其与军国主义意识形态的关系

日本思想史研究中，儒学是一个难以绕过的课题。源于中国的儒学于 5 世纪初经由朝鲜传入日本。传入日本后的儒学经过千余年的传播与发展，在德川时代（1603—1867）达到顶峰，成为日本传统思想中的重要内容。明治维新后，社会结构发生了急剧变化，日本政府提出"文明开化"政策，全面学习西方的思想文化。面对西方思潮的猛烈来袭，明治 20 年代起，儒学再次作为体制教学的重要内容被提起，并在日本近代化的进程中发挥了重要作用，成为明治思想的重要组成部分。关于儒学与日本近代认识论之间的关系，渡边和靖指出："只有当我们把明治时期近代自我的问题作为儒学传统与近代认识论之间的相互纠葛，而不是作为人们从封建社会的束缚中解放自我、觉醒自我的过程来理解和把握时，才算真正地认识了明治思想史。"①然而，日本的近代化进程也是日本军国主义思想形成与发展的过程。那么，在这其中，儒学对日本军国主义思想的形成产生了何种影响？明治时期的儒学家又是如何将儒学构建成为其政治体制服务的御用工具的呢？本文就儒学在明治时期的变迁及其与日本军国主义意识形态的关系略作探讨。

（一）儒学在日本明治时期以前的传播与发展

中国儒学于 5 世纪初传入日本。据《日本书纪》记载，405 年，应神天皇邀请百济鸿儒王仁到日本，为皇太子讲学，王仁授之《论语》及《千字文》，这是儒学东传的开始。7 世纪初，圣德天子推行制度革新，

---

① 渡辺和靖『明治思想史——儒教的伝統と近代認識論』ぺりかん社、1978、12 頁。

根据儒家的"仁义礼智信"之五常纲目制定了"官位十二阶",并根据《论语》《孟子》《礼记》等记载的儒家思想制定了日本最早的律令《宪法十七条》。这为后来的大化改新(645年)建立中央集权制国家奠定了基础。儒学思想逐渐被应用到治国之策中,成为日本治国治民的利器。随着大化改新的推行,儒学在日本得以传播普及,并逐渐扎根,与佛教、神道一起影响着日本社会的方方面面。

自大化改新后直至12世纪后期,日本将儒学作为培养官僚的御用学问,还设有传播教授儒学的专门机构,如京城的大学寮、地方的国学,以及其他的大学寮别曹、私学等。但由于日本并没有实行科举制度,所以这时的儒学仅是作为上层阶级的学问修养而存在,对于儒学的学习研究也大都停留在照搬中国儒学的层面,并没有自身的创新与发展。

17世纪,伴随德川幕藩体制的确立,儒学(此时主要指程朱理学)逐渐摆脱镰仓时代(1185—1333)以来依附于禅宗的状况,成为一门独立的学问体系。至此,儒学经过千余年的传播,终于在德川时代获得了空前的发展,进入鼎盛时期,出现了朱子学派、阳明学派、古学派等不同的派别。各派在继承中国儒学思想的基础上,将其与日本本土文化、国情相结合,完成了儒学的日本化。

藤原惺窝是日本近世儒学的始祖,也是日本朱子学派的创始人。他继承朱熹的"理一分殊"观,并以此解释幕府统治的合理性。他的弟子林罗山被德川家康雇用为幕府的御用学者,分别为德川秀忠、德川家光讲授朱子学内容,同时参与了许多幕府政策的制定、文书的起草等,为儒学的官学化发展做出了极大的贡献。在思想上,林罗山在推崇朱子学的同时,将佛教、基督教视为异端,极力抨击之。但对于日本固有的神道,他指出神道与儒道之间并无差别,说"王道一变至于神道,神道一变至于道。道,吾所谓儒道也,非所谓外道。外道也者,佛道也",[①] 主张神儒合一。作为幕府的御用学者,林罗山试图在儒学与神道中为德川政权找出其合理性与统治的原理。因此,他特别强调理学中的名分论,强调君臣、父子、夫妻的"上下贵贱之义",主张以"五伦"道德作为规范,维系社会伦理体系。随着德川幕藩体制的确立与完善,日本社会

---

① 京都史跡会编『羅山林先生文集』卷六十六、平安考古学会、1918、360頁。

进入相对稳定发展的时期。加之幕府对于儒学的重视，儒学思想渐渐在武士阶层得到广泛传播。各地纷纷建立藩校①，将朱子学作为正统教学内容，朱子学的官学地位逐渐确立。朱子学内部也出现了不同的学说，如山崎暗斋创立的暗斋学派，贝原益轩、室鸠巢也从不同的角度对朱子学展开了论述。

与朱子学比肩的还有阳明学派及古学派。日本阳明学派继承中国阳明学派"致良知""知行合一"的观点，强调实践的重要性。中江藤树（1608—1648）是日本阳明学的创始人。他以阳明学的哲学思想为基础，提出了著名的时处位论，主张根据时、处、位进行变通。具有代表性的阳明学派儒学家还有熊泽蕃山以及近世后期的佐藤一斋、大盐平八郎等。古学派的代表人物有山鹿素行、伊藤仁斋、荻生徂徕。他们认为朱子学、阳明学等并非儒学正统，汉唐的训诂学及宋学的四书解释都违背了孔子的原意，因此主张回到孔子经典重新探寻儒学的真谛。

如上所述，儒学在德川时代达到了发展的高峰。德川儒学在一批独具思想体系的儒学家的推动之下，与神道等日本固有文化思想相结合，成为"日本的"儒学思想，并为幕府统治提供理论依据，成为幕府统治的思想工具。尽管到德川后期，随着国学思想的抬头及"洋学""兰学"等西洋学术思想的传入，儒学逐渐失去官方意识形态的地位，但其已经渗透至日本社会的各个方面，如儒学忠君尊王、大义名分论等仍是支撑幕末尊王攘夷运动的重要意识形态，也成为明治维新的原动力之一。

（二）儒学的复兴及明治儒学的特点

明治维新（1868 年）是日本史上的一个重要里程碑。日本人通过明治维新推翻了德川幕府的统治，确立了近代天皇制国家政权，开启了近代化进程。一方面，明治政府为强化其合法性基础，确定了"文明开化""殖兴产业""富国强兵"的政策理念。所谓"文明开化"即摒弃落后的封建思想文化，学习西方先进的政治经济制度及文化。于是"效仿西方"成为明治初期的风潮。这一时期英国的功利主义、法国的自由民权学说、美国的人道主义等欧美近代思想先后涌入日本，冲击着日本

---

① 除林家的私塾外，还有名古屋的学问所、冈山的藩校、米泽的兴让馆等。

社会原有的思想世界。1872 年，明治政府颁布《学制》，提倡实用主义的教育。其内容汇集了法国的自由主义、英国的功利主义及德国的国家主义等思想。《学制》的颁布反映了明治政府"否定儒学""全盘西化"的教育政策。在这一政策的引导及西方近代思潮的冲击下，一些启蒙派人士将儒学视为日本近代化发展的桎梏，予以严厉的批判。

　　被称为"日本伏尔泰"的近代启蒙思想家福泽谕吉从"天赋人权"思想出发，严厉地抨击了儒学的君臣观、学问观及忠孝观等道德伦理观念。他指出，儒学在古代日本确实发挥过重要作用，但在明治当下的现代化进程中已经失去了价值，甚至将社会停滞不前的原因归罪于儒学。他说："生在今天的世界而甘受古人的支配，并且还迭相传衍，使今天的社会也受到这种支配，造成了社会停滞不前的一种因素，这可以说是儒学的罪过。"① 津田真道在西方思想研究学术团体"明六社"的机关杂志《明六杂志》上发表题为《促进开化之方法》的文章，指责儒学乃"高谈空洞理论""虚无寂灭"之"虚学"。如此，在明治初期西方近代思想巨浪的冲击下，儒学成为启蒙思想家们批判否定的对象。

　　面对西方思想的强烈冲击，一部分"硕学老儒"仍坚持维护仁义忠孝的儒学伦理道德，并强烈抵制明治维新的"文明开化"政策。天皇侍讲元田永孚就是其中的代表人物之一。元田于 1880 年、1884 年分别写成《国宪大纲》及《国教论》，坚持以儒教为国教。他指出，"追逐文明开化之末端"，必将导致"不知君臣父子之大义"，因此政府须施行以"伦理教育""国体教育"为中心的儒学教育体制。1879 年，明治天皇颁布了由元田永孚执笔的《教学大旨》（以下称《大旨》），将儒学作为教学之本，提倡以仁义忠孝作为国民道德的核心。《大旨》说：

　　　　教学之要，在于明仁义忠孝，究知识才艺，以尽人道。此所以我祖训国典之大旨，上下一般之教也。挽近专尚知识才艺，驰文明文化之末，破品行、伤风俗者甚众。然所以如是者，则维新之始，首破陋习，向世界知识以广卓见，虽一时取西洋之所长，徒以洋风是骛，于将来终不知君臣父子之义，亦不可测，此非吾邦教学之本

---

① 〔日〕福泽谕吉：《文明论概略》，北京编译社译，商务印书馆，1959，第 149 页。

意也。故自今之后，基于祖宗之训典，专以明仁义忠孝。……大中至正之学，布满天下，则吾邦独立之精神，可无愧于宇内。①

可见，元田永孚提倡的以儒学为国教的教育体制，基础是"祖宗之训典"的神道传统，在此基础上施以儒家的"仁义忠孝""君臣父子之义"，以为天皇制国家服务。

另一方面，随着"文明开化"的推行，民权运动愈演愈烈，人们对自由民权的追求逐渐危及天皇制政体下皇权的权威。明治天皇政权开始警惕自由民权思想在日本的传播。1887 年，天皇到东京大学视察时，就对日本当下的"洋学热"表示担忧，认为西方的医学、理工科再先进再发达，也无法用于治国，因此学校教育中汉文教育是不可或缺的。在此"政策宣示"下，政府的教育方针由主智主义转向儒教主义。1890 年，天皇又颁布《教育敕语》（以下简称《敕语》），在《大旨》的基础上，进一步明确了儒学的道德伦理观，试图建构国家主义的国民道德论，以巩固皇权、加强统治。《敕语》曰：

> 朕惟吾皇祖皇宗肇国宏远，树德深厚。吾臣民克忠克孝，亿兆一心，世济厥美。此乃吾国体之精华，而教育之渊源亦实在于此。尔臣民应孝父母，友兄弟，夫妇相和，朋友相信，恭俭持己，博爱及众，修学习业，以启发智能，成就德器。进而扩大公益，开展世务，常重国宪，遵国法，一旦有缓急，则应义务奉公，以辅佐天壤无穷之皇运。

《敕语》开篇即言"皇祖皇宗肇国宏远"，强调天皇神国的国体观，将儒学纳入"国体精华"。正如严绍璗所说，《敕语》的颁布"表明天皇制政体已决定把主要的力量放在恢复传统儒学的价值观念、道德伦理上，用以统制国民，巩固皇权"。②

此外，这一时期还出现了斯文学会（1880 年）、道学协会（1883

---

① 转引自严绍璗《儒学在日本近代文化运动中的意义（战前篇）》，《日本问题》1989 年第 2 期。
② 严绍璗：《儒学在日本近代文化运动中的意义（战前篇）》，《日本问题》1989 年第 2 期。

年）、日本讲道会（1884 年）等民间儒学团体，个人开办的"汉学塾"也日益盛行。

至此，儒学在实现复兴的基础上，作为适应天皇制绝对主义新阶段的思想体系，完成了它在明治时期的"变貌"，适应新时代需求的"明治儒学"得以确立。① 然而"变貌"后的明治儒学很快与"日本主义""天皇神国观""武士道精神"相结合，最终成为日本专制皇权和军国主义对内思想统治及对外扩张侵略的工具。

（三）明治儒学与军国主义意识形态

中日甲午战争及日俄战争后，日本迅速跻身世界大国之列，完成近代化历程。大正、昭和前期法西斯国家主义极度膨胀，日本逐步走向军国主义的对外侵略扩张之路。日本的军国主义，一方面与国际法西斯主义一样，都主张对内专制、对外侵略扩张，宣扬国粹主义和民族神话；另一方面又有其自身的特点，对传统思想资源的畸形利用即是其一。② 其中，明治时期复兴后的儒学，与国家神道、佛教一起充当了使日本军国主义分子发动侵略战争的思想合理化的工具。日本主义、天皇神国观、武士道精神，是日本军国主义意识形态的重要组成部分，以下分别就其与明治儒学的关系略作探讨。

1. 明治儒学与日本主义

"日本主义"是一个非常含混的概念，狭义地理解，可以说是甲午战争之后，随着日本国家意识的膨胀，为回答日本在世界上的地位和命运这一重大问题而产生的主义。广义地理解，则可以说包括此前的国粹主义，此后的国家主义、军国主义。③ 在此取其广义之意，即"日本主义"包括国粹主义、民族主义及后来的国家主义、军国主义。"日本民族优越论""日本特殊论""脱亚入欧""大东亚共荣圈"等都来源于此，各种法西斯侵略扩张理论也大多是"日本主义"的变种。

---

① 值得一提的是，尽管新儒学是在明治时期确立的，它的影响却一直延续至二战结束。正如刘岳兵所说："从时间上来看，明治儒学不仅仅是指明治时代的儒学，明治之后到第二次世界大战结束这一历史时期儒学的发展状态也都可以视为其延长线上。"刘岳兵：《中日近现代思想与儒学》，三联书店，2007，第 27 页。
② 刘岳兵：《日本近代儒学研究》，商务印书馆，2003，第 94—98 页。
③ 刘岳兵：《中日近现代思想与儒学》，第 125 页。

　　近代日本主义的原型，可以追溯到日本近世初期（17 世纪）发展起来的"日本型华夷思想"。[①] 近世初期，日本对儒学的研究达到了鼎盛，朱子学还一时成为官方的意识形态。然而，面对作为"他者"的外来思想儒学，日本儒学家逐渐陷入如何理解自我的困境，经山崎暗斋、山鹿素行、荻生徂徕等儒学家的探寻，最终在加茂真渊、本居宣长等国学家对日本精神的极力推崇即国粹主义思想中找到出路。德川后期，以国学派及水户学派为代表的各派人士在探寻日本精神所在的过程中，民族自觉愈来愈强，逐渐形成"日本 = 中华"即以日本为中心的"自—他"认识观。明治维新以后，随着西方思潮的涌入及国家主义的兴起，这种"自—他"认识观逐渐演变为强调日本万世一系之优越性、特殊性的日本主义。明治时期的儒学思想家在日本主义的思考范式下重新改造儒学，使其成为"扶翼八纮一宇之皇谟"的思想工具。

　　1897 年，井上哲次郎、木村鹰太郎等建立"大日本协会"，创办机关刊物《日本主义》，向世间宣扬"日本主义"。从 1900 年起，井上为宣扬日本精神论，着手撰写被称为"日本儒学史"的三部著作，即《日本阳明学派》（1900）、《日本古学派之哲学》（1902）、《日本朱子学派之哲学》（1905），进一步宣扬日本中心主义的东洋论。[②] 他在《新东亚文化与日本的使命》一文中指出："印度文化与支那文化皆输入日本，遗其精粹，由日本精神统制、整理、同化之，而形成具特色的东洋文化。"[③] 在此，井上将东洋文化与其日本主义主张（或称"日本精神论"）挂钩，论述了集印度佛教与中国儒教之大成，并以独特的日本精神统制整合后的日本式东洋文化的优越性。

　　19 世纪 90 年代以后，出现了如兴亚会（1890）、东邦协会（1891）、东亚会（1897）、同文会（1897）等儒学团体。1898 年，东亚会与同文会合并组成东亚同文会，其成为近代日本第一个全国性的为天皇政体的对华

---

　　① 以桂岛宣弘为代表的日本学者，以对国学演变过程的考察为中心，分析了近世日本的华夷观念从"中国中心主义"经"日本型华夷思想"而最终发展为"日本中华主义"的过程。如山崎暗斋、山鹿素行等儒学家的华夷观为"日本型华夷思想"。详见桂岛宣弘『思想史の十九世紀：「他者」としての徳川日本』（ぺりかん社、1999）；『自他認識の思想史——日本ナショナリズムの生成と東アジア』（有志舎、2008）。

　　② 黒住真『近世日本社会と儒教』ぺりかん社、2003、185 頁。

　　③ 井上哲次郎『東洋文化と支那の将来』理想社、1935、264 頁。

政策服务的所谓学术研究机构。这些儒学团体打着"兴亚""振亚"的旗号，把东亚的历史同日本连在一起，将东亚命运寄托在日本身上，"日本主义"逐步成为日本侵略亚洲的舆论工具。这种思潮在中日甲午战争及日俄战争后愈加高涨。20 世纪以后，又先后成立了东亚同文书院（1900）、斯文会（1918）、犹存社（1920）、东亚研究所（1938）等组织机构。

其中，斯文会是在斯文学会（1880）的基础上，与汉文学会和东亚学术研究会合并成立的。该会目的是"以儒道为主阐明东亚学术，翼赞明治天皇教育敕语之趣旨，发扬我国体之精华而及宣扬兴亚理念，以扶翼八纮一宇之皇谟"。

1920 年，北一辉、大川周明组成了日本最早的法西斯组织犹存社。他们主张实行彻底的"大日本主义"，声称日本是亚洲的中心，打着"解放亚洲"的旗号，鼓吹以尧舜之道来"重建支那"。

如上所述，明治中后期，特别是中日甲午战争以后，随着清政府的衰落及东亚局势的逐步恶化，日本的儒学思想家纷纷立足于"日本主义"，打着"拯救亚洲"的旗号，最终以建设"大东亚共荣圈"为幌子，为日本政府发动战争找到了合理化的借口。

2. 明治儒学与天皇神国观

"天道""天命""王道"等是传统儒学的概念，明治儒学家虽然继承了这些概念，但也因时因地制宜，巧妙地将它们转化成天皇神国观下"尊皇"言论的理论基础，使儒学成为近现代日本天皇制国家政体的重要理论依据。

1890 年，天皇颁布《教育敕语》，宣扬忠孝仁义的儒家道德论，重新将儒学纳入国民教育体系，这标志着儒学成为明治政府的御用学问。翌年，留学德国的井上哲次郎受文部大臣之托，撰写《敕语衍义》。井上在《敕语衍义》中将德国的国家主义、日本皇道主义与中国的儒学思想相结合，从维护"万世一系"的天皇及"八纮一宇"的天皇神国观出发，要求国民对天皇绝对效忠。关于天皇神国连绵不断之皇统，井上论述道：

当太古之时，琼琼杵命奉天祖天照大御神之诏而降临，列圣相承。至于神武天皇，遂讨奸除孽，统一四海，始行政治民，确立我

大日本帝国。故而我邦以神武天皇即位而定国家之纪元。神武天皇即位至今日，皇统连绵，实经二千五百余年之久，皇威愈益高涨，海外绝无可以与相比者。此乃我邦之所以超然万国而独秀也。[①]

日本之所以"超然万国而独秀"乃是因为天皇是天孙之后代，日本是天皇统治下的"神国"，因此国民须忠君（天皇）爱国。井上在《敕语衍义》中将儒学的政治伦理与天皇神国观相结合，试图构建起一种以"孝悌忠信""共同爱国"为基础的家族国家观。

在继承井上哲次郎儒学精神的基础上，服部宇之吉于 1911 年提出了"孔子教"概念，这是一个区别于"儒教"的新概念。他说，"中国有儒教而无孔子教，日本有孔子教而无儒教"，"（孔子）儒教在中国早已衰退，唯独在我国作为普遍的国民道德得以发挥其价值"。[②] 他指出"醇化皇道乃儒教之道的真意义"，可见其设立"孔子教"的主要目的便是以儒学的天命论结合天皇神国观，以实现"八纮一宇"的皇道主义体系，进而为天皇制政体统治的合理性进行辩护。

类似的说法在"从儒教主义立场出发的积极的王道思想鼓吹者"高田真治的论述中也可见到。高田将儒学与国家主义、军国主义结合起来，用儒学的天命论将日本军国主义的"霸道"美化成"王道"。他认为儒教的周孔之道在日本的国体中得到真正体现，《教育敕语》中所述皇祖皇宗之遗训的"斯道"才是"通贯东洋思想的根干，其纯粹与精美在我皇道中显现出来"，日本皇道之所以能保持连绵不断的万世一系，乃是神意或天命。[③]

明治政府成立不久，即向国民宣扬"天皇神国"的观念。1869 年，明治政府发布《告谕奥羽人民书》，其中说："天子乃天照皇大神宫之子孙，自此世之始即为日本之主。正一位等神各国有，但都为天子所封，故天子比神尊贵。"明治政府通过宣扬天皇神国观，为天皇的统治取得了

① 转引严绍璗《中国儒学在日本近代"变异"的考察——追踪井上哲次郎、服部宇之吉、宇野哲人的"儒学观"：文化传递中"不正确理解"的个案解析》，《国际汉学》2012 年第 2 期。

② 孙志鹏：《近代日本新儒学家学派的中国认知——以宇野哲人〈中国文明记〉为中心》，《北方论丛》2013 年第 2 期。

③ 刘岳兵：《日本近代儒学研究》，第 109—113 页。

合乎天意的解释。依据天皇神国观，日本拥有万世一系的皇统，这一皇统开始于依照天照大神指示而降临的"天孙"，因此日本历代天皇都不是人，而是"现人神"，所以对日本人来说，连绵不断的皇统便是天命的体现。就这样，新儒家学派与天皇神国的国家主义相结合，在 20 世纪 20—40 年代演变为日本法西斯意识形态，成为日本军国主义的一个组成部分。[①]

3. 明治儒学与武士道精神

儒家忠孝观结合了国家政治伦理"忠"与家族伦理"孝"，是一种将君臣间的道德规范"忠"与父子间天生、绝对的人伦规范"孝"结合为一的道德规范。[②] 与中国儒学中以"孝"为本、扩而为"忠"的忠孝观不同，日本儒学提倡以"忠"为本、"忠"先于"孝"的道德规范。儒学的忠孝观与日本的武士道相结合，形成了崇尚和重视"忠主"道德、提倡主从关系中的"忠"优先于家族关系中的"孝"的武士道式忠孝观。"忠诚"与"武勇"特别是"忠诚"是武士道的核心及灵魂内容。日本武士道是武家社会的中心价值体系，强调对主君绝对的忠诚精神及英勇的献身精神。

明治政权建立后，尽管武士阶层已经不复存在，但武士道精神被保留下来，且在国家主义思潮及日本主义运动的风潮中被注入新的内容，确立了为天皇一人效忠的明治时期新武士道。1872 年，明治政权颁布《征兵诏书》，正式建立近代军队。1878 年，陆军卿山县有朋以自己的名义公布了《军人训诫》，规定忠实、勇敢、服从是军人精神的根本，并向军人灌输绝对的尊皇思想，要求军人把天皇当作"神"来崇拜。1882 年，天皇又颁布了《军人敕谕》。该敕谕以儒学和武士道精神为基础，明确指出天皇与军队是"头首"与"股肱"的关系，强调天皇对军队的绝对统帅权及军队对天皇的绝对忠诚。[③]

井上哲次郎是近代日本最早提倡武士道的人物之一。他试图从儒家

---

① 龚咏梅：《试论近现代日本中国学与日本侵华政策的关系》，《湖南社会科学》2001 年第 1 期。

② 陈玮芬：《近代日本汉学的"关键词"研究：儒学及相关概念的嬗变》，华东师范大学出版社，2008，第 137 页。

③ 朱理峰：《武士道与日本对外侵略扩张方针的确立》，《吉林师范大学学报》（人文社会科学版）2007 年第 1 期。

忠孝观与武士道精神中找寻理论依据，建构以家族国家观为基础的国家
主义、民族主义价值观体系。在《敕语衍义》中，他直接将"孝悌忠
信"和"共同爱国"规定为日本人道德的两大纲目，并从国民道德论的
立场出发，强调武士道在近代日本的意义。他明确主张"忠孝一本"，
臣民应如"孝亲"般"忠君"。他还认为，虽然明治以后废除了武士制
度，武士道的精神却生生不息，渗透到日本国民生活的方方面面，武士
道不仅是武士的道德，也是超阶级、超时代的道德。① 1906—1909 年，
井上哲次郎和有马祐政共同编著出版《武士道丛书》（三册）。书中指
出，对天皇唯一无二的忠诚就是对国家的忠诚，并将武士道作为以天皇
中心的国民道德及日本在战争（中日甲午战争及日俄战争）中胜利的精
神支柱，将日本的胜利"归功"于武士道。他们还将"忠"、"奉公灭
私"及《叶隐》中"武士道即寻死"等概念有意曲解成为了国家不惧牺
牲，来解释及宣传武士道精神。总之，明治时期，特别是中日甲午战争
及日俄战争以后，儒学的忠孝观与武士道精神被重新整合建构和利用，
为日本的军国主义之路作了铺垫。

　　日本近代政治思想史学家桥川文三在回顾明治儒学由衰转盛的历史
时说："儒教是发源于东亚世界的思想体系，具有普遍性。在日本自古便
扎下深厚的根基，是日本人最熟悉的思维模式。虽然儒教教义本身具备
普遍性，日本的儒教信徒却偏以特殊主义来理解它，将儒教结合日本固
有信仰，视为民族思维，加以运用。"② 儒学在日本的传播发展史即其因
时因地不断被改变、异化的历史。

　　综上不难看出，儒学在日本的传播及发展过程中，与其本土宗教、
文化、思想相结合，此时的日本儒学尽管在源流上与中国儒学一致，但
已不仅是中国儒学在日本的分支，而是作为一种日本化了的意识形态，
对日本民族和社会产生影响。中国儒学在日本这一特殊语境下发生了转
变。至明治时期，儒学与日本主义、天皇神国思想、武士道等相结合，
直接成为日本军国主义意识形态的催生剂，最终在二战期间充当使其对
外侵略扩张思想合理化的工具。

---

① 卞崇道：《融合与共生——东亚视域中的日本哲学》，第 86 页。
② 橘川文三『昭和維新試論』朝日新聞社、1993、203—204 頁。

二 贝原益轩对朱子"格物穷理"思想的继承与转化

——兼论其本草学研究的哲学渊源

"格物穷理致知"是朱子理学体系的重要思想内容。朱子认为"理"是宇宙万物的根源,是人类与自然界万事万物共通的法则。他提出"理一分殊"论,认为"理"存在于世间的万事万物之中,对存在于每个个体之上的"理"进行探究("格物穷理"),日积月累,便能达到"众物之表里精粗无不到,而吾心之全体大用无不明"。① 贝原益轩将朱子学这一"格物穷理"思想侧重到本草学、博物学、地理学等自然研究领域,开辟了"格物穷理"的另一个科学面相。本文将结合贝原益轩的本草学研究,具体探讨其对朱子学"格物穷理"思想的继承及发展。

(一) 朱子"格物穷理"的思想内涵

"格物""致知"是作为道德伦理修养的普通概念在《礼记·大学》中被提出的,起初并未受到太多关注。至宋代,理学家将其上升至认识论的重要问题,进行了解说与阐发,"格物致知"从而一跃成为儒家的核心概念之一。二程在阐发《大学》时,提出了"致知在格物",并将格物解释为穷理,强调通过穷理达到顿悟。朱熹在二程的基础上,通过《大学章句》及其"格物致知补传"突出了"格物致知"在儒家为学成人、修己治人的出发点地位,并通过进一步将"格物致知"解释为"即物穷理致知",形成了以格致论为核心的理学体系。②

"格,至也。物,犹事也。穷至事物之理,欲其极处无不到也。"③ 朱子解释"格"为"至"或"尽",解释"物"为"事"。"格物"就是达到事物的极致,穷尽事物的"本然之理"。因此朱子又有时将"格物"说成是"即物穷理"。他说:"世间之物,无不有理,皆须格过。"④ 当然,这里的"物"是指一切具体事物,"上而无极、太极,下而至于一草、一木、

---

① 朱熹:《四书章句集注》,中华书局,1983,第16页。
② 乐爱国:《朱子格物致知论研究》,岳麓书社,2010,第128页。
③ 朱熹:《四书章句集注》,第17页。
④ 黎靖德编,王星贤点校《朱子语类》,第286页。

一昆虫之微"。① 所以他要求"凡万事万物之理皆要穷"，② "于分殊中事事物物，头头项项，理会得其当然"。③ 可见，朱子认为格物的对象既包括人的身心性情、社会的人伦日用，也包括天地鬼神、鸟兽草木等自然界的事物。而"穷理"就是要把一切存在的法则、规范及其根源的"理"都一一加以穷明。当然，这里的"理"既包括"事理"，也包括"物理"。

朱子认为，格物必然涉及接物，但又不能限于接物，必须在接物中求其理，而且，求理必须"究其极"，要知"理之所以然与其所当然"。朱子说："格物者，欲穷极其物之理，使无不尽，然后我之知无所不至。"④ 朱子的"格物"，往往又与致知联系在一起。

关于"致知"，朱子解释说："致，推极也。知，犹识也。推极吾之知识，欲其所知无不尽也。""物格者，物理之极处无不到。知至者，吾心之所知无不尽也。"⑤ 格物只是就事物和理而言，要求穷尽物之理；致知则是就我之知识而言，要求推极此知识。格物致知是两个重要环节，具有先后顺序，探究事物，穷尽齐"理"之后，便可得"知"。

对于为何致知要格物，以及如何格物，朱子在《大学章句》的"格物补传"中指出："所谓致知在格物者，言欲致吾之知，在即物而穷其理也。盖人心之灵莫不有知，而天下之物莫不有理，惟于理有未穷，故其知有不尽也。是以《大学》始教，必使学者即凡天下之物，莫不因其已知之理而益穷之，以求至乎其极。至于用力之久，而一旦豁然贯通焉，则众物之表里精粗无不到，而吾心之全体大用无不明矣。此谓物格，此谓知之至也。"⑥ 如此，在朱子格物致知的阐释中出现了两组相对的概念，即"心"与"物"、"知"与"理"。这里，"心"即人的思维认识；"物"即世间一切存在的万事万物，是思维认识的对象。"理"是世界的最高本原，也是分殊于万事万物中的法则；而"知"则是认识的能力及内容。需要注意的是，朱子这里，"知"是主体所固有的，不被主体之外

---

① 黎靖德编，王星贤点校《朱子语类》，第 295 页。
② 黎靖德编，王星贤点校《朱子语类》，第 293 页。
③ 黎靖德编，王星贤点校《朱子语类》，第 677—678 页。
④ 黎靖德编，王星贤点校《朱子语类》，第 294 页。
⑤ 朱熹：《四书章句集注》，第 17 页。
⑥ 朱熹：《四书章句集注》，第 20 页。

的"物"所改变，只是需要通过"即物穷理"以达到顿悟。

在朱子看来，格物只是就事物和理而言，要求穷尽物之理；致知则是就我之知识而言，要求推极此知识。其实格物与致知是同一过程。可以说，朱子的格知论在儒学内部为进行自然研究开辟了一条道路。朱子将"理"渗透集中到格物致知的解释上，强调即物穷理，认为认识始于格物，格物穷其理，而后将所获取的知识推及极致，从而探求先天存在于人心中之理。这样，"致知"必先"穷理"，"穷理"则须"格物"，形成了"格物—穷理—致知"的认识链条。朱子的"格物致知"说"肯定了外在客观事物和物理以及相应的'知'的存在，为主体认识外在于他的客观世界打开了一扇窗口"。①

但对于朱子"格物穷理"中的"理"更多指"事理"还是"物理"，正如学者张崑将所指出的，无论朱子说"穷理格物"还是"格物致知"，都有以"事理"言"物理"的特点，且朱子格物穷理的重点在于"事理"（如事君事亲之礼等），而非"物理"。② 当然，这里朱子所言"物理"并不是我们今天意义上所说的自然科学之原理。尽管朱子在医学、天文历法等自然科学方面也有一定的研究，但他所说的"物理"，较"理之所以然"，更多时候指事物"当然之理"。

（二）贝原益轩对"格物穷理"思想的继承

贝原益轩名笃信，字子诚，号益轩，又号损轩，是日本江户时代初期著名的朱子学家。益轩自幼受其父宽斋熏陶学习医学，又从学于其兄存斋学习四书的句读，学习汉学。庆安元年（1648）18 岁时始效命于福冈藩，庆安三年（1651）因惹怒藩主黑田忠之而沦为浪人。七年后，益轩由第三代藩主黑田光之召回成为藩医。次年，得藩费资助，在京都学习儒学、本草学等。在京都学习的七年间，益轩结识了京都的儒学大师，如松永尺五、山崎暗斋、木下顺庵等。游学七年归藩后，益轩在藩内讲授朱子学。70 岁时，辞去藩内职务，开始专心于著书立说。

益轩博学多能，除朱子学外，他还广泛涉猎本草学、医学、博物学、

---

① 尚智丛：《从演绎推理的传入看儒学的开放性——兼论儒学与科学的关系》，《自然辩证法研究》2015 年第 6 期。

② 张崑将：《朱子穷理学在德川末期的物理化》，蔡振丰编《东亚朱子学的诠释与发展》。

地理学、算学等众多领域，同时是一位成就卓越的实学家。益轩一生著书60部270余卷，主要有《菜谱》《花谱》《大和本草》《乐训》《养生训》《自娱集》《慎思录》《大疑录》等。

益轩的思想经历了由佛教转为圣人之道、由朱陆兼用向纯朱子学的转变。他少时读医书，略通药方，且此时好读佛书，后受其仲兄存斋影响，悟浮屠之非，弃佛而始信圣人之道。而他此时对圣人之道的理解既受朱子学的影响，又受陆王之学的影响。他在三十六岁时读陈清澜的《学蔀通辨》，自此悟到陆氏之非，开始放弃朱陆兼用的做法，彻底转向朱子学，成为朱子学的信奉者。①

转向后的益轩极力推崇朱子学，"后世之学者知经义者，皆朱子之力也"。②"朱子诚是真儒，可谓振古豪杰也。"③益轩视朱子为开导后世学问之人，是继承了儒学正统的"真儒"。然而，益轩虽倾倒于朱子学，对朱子学也并非只有信而无疑。据说他四十岁时向江户的朱子学者谷一斋提出了对朱子学的疑问。谷一斋回答说他的想法与古学派先驱伊藤仁斋批判朱子学的学说类似。④但益轩对朱子学的怀疑与批判直至晚年才诉诸笔端。正德四年（1714），益轩著《大疑录》二卷，将他对朱子学的怀疑公之于世。在该书中，益轩首先提出了对朱子学的存疑之处。

首先，对"无极/太极""理/气""阴阳""性"等构成朱子思想原理的基本概念提出疑问。益轩指出，宋儒将"无极"作为"太极"之本，以"无"视为"有"之本，这是佛老之说，而非孔孟之道学正统之说。他还否定朱子学将"理"作为形而上之本原、将"气"作为从属于"理"的形而下之物质实体以及将"阴阳"作为形而下之器的理气二元论。他说："夫天地之间都是一气。（中略）理气决是一物，不可分而为二物焉。然则无无气之理，又无无理之气，不可分先后，苟无气则何理之有？是所以理气不可分而为二，且不可言先有理而后有气，故不可言先后。又理气非二物，不可言离合也。盖理非别有一物，乃气之理而已矣。（中略）故理气根是一物，以其运动变化有作用，而生生不息，谓

---

①　朱谦之：《日本的朱子学》，第247—248页。

②　益軒会编纂『益軒全集』、227页。

③　益軒会编纂『益軒全集』、256页。

④　王家骅：《儒家思想与日本文化》，第94页。

之气。以其生长收藏，有条贯而不紊乱，谓之理。其实一物而已。"① 可见，益轩认为阴阳是一元之气，太极是一气混沌，道是气的流通运行，无论是太极、阴阳还是道，都属于气的范畴，而理是气之理，必须依附于气才得以存在，也不可将理气分为二，理是气之理，气是理之气，不分先后，也不可言离合。较朱子的理气二元论，益轩的主张更接近理气一元论。

其次，当理气论融贯至人性论时，朱子认为"性"有本然之性与气质之性之分，本然之性由"理"决定，气质之性由"理""气"混合决定，故本然之性纯粹至善，而气质之性则有善有恶。虽人身有死生，而本然之性无死生。益轩否定了朱子的说法，主张性一论，认为"性者一而已矣。不可分天地气质之性为二。其理一者，言性之本然，其理一也。同是一也，性之杂糅，其分殊也，人皆可以为尧舜。其分殊者，禀二气之生质各殊也。（中略）盖本然者，则是气质之本然也，气质亦是天之所命，非有二性"。②"理"依附"气"而存在，故人死"性"亦亡。

另外，益轩对朱子体认天理的方法也提出了疑问，指出宋儒所讲"主静""静坐""默坐澄心"等体认天理的方法，为"禅寂习静之术"，与佛家坐禅入定之法无异。

最后，益轩还对宋儒所讲心体之虚灵不昧、天理之冲漠无朕之说提出怀疑，指出这一说法亦是佛老之遗意。益轩对朱子学的疑问，主要是因为较形而上学性的思辨及空无的冥想、顿悟等，他更重视现实世界中天地万物的运动变化及人类生活。

以"理"为中心的朱子主张"存心持敬"的直观方法与"格物穷理"并重的认识论。朱子提出："主敬以立其本，穷理以进其知。"他认为，要达到"圣贤"领域，体认事物本体之"理"，须以"存心持敬""格物穷理"为不可偏废之两翼，"持敬"是一种认识主体的修养，通过"持敬"，人可以确立自己的内心，从而"立其本"。"穷理"就是要"知事物之所以然与所当然"，是指对一切外部事物穷尽其"理"，从而"进其知"。而以"气"作为终极原理的益轩则主张世界应通过直观性洞

① 　井上哲次郎編 『日本倫理彙編　卷之八』、239 頁。
② 　井上哲次郎編 『日本倫理彙編　卷之八』、213—214 頁。

察来认知。

较作为内在修养的"持敬"而言，益轩更注重对外部事物的"穷理"方法。他指出天地间无理外之事，所以为学应格物穷其理。且穷理要精，既要知其常，又要知其变，只有这样才可以穷尽天地之理。因此，益轩强调君子之学以穷理为贵。他将朱子学中具有一定实证性、合理性的"格物穷理"之学运用到自然研究领域，对自然科学和"经世致用"学问方面表现出了极大的兴趣。

贝原益轩继承朱子的"格物致知"说，强调"格物穷理"的重要性，在其晚年的著作中也多处提到"格物致知"之工夫。他推崇程子不泥于训诂的治经方法，批评以"详训诂考同异为终身专一事业"的治经学问非"格物致知之学"，认为若"为学如此，则虽终身从事于此"，却不能达到"穷理之功"。因此他指出："夫为学者，将以知道也。苟专治训诂，而不能穷理，虽多亦奚以为。"①

益轩认为"所以心之为明者，因知物之理也。苟不能格物，则此心只是蠢然顽物而已，何以可开发聪明致其知耶"。② 可见，益轩非常强调通过格物穷理而知"物之理"的重要性。格物而知物之理，可使人心明，可开发聪明。若不格物，则心只是蠢然顽物，致知便无从谈起。

益轩还将"格物穷理"作为判断王阳明行先知后的知行合一论的指标。他说："王阳明论知行合一曰：知之真切笃实处，便是行。行之明觉精察处，便是知。笃信欲改之曰：知之真切者，必能行之。行之精察者，必能知之。以是为合一则可也。阳明恶即物穷理之说，故欲行之而后知，所以发此论者也。是以知行强为一，可谓牵合附会，且混淆而无别，乱杂而无章也。"③ 由此可见，在贝原益轩看来，王阳明之所以提出"欲行之后而知"的知行合一论，就是因为他不讲即物穷理之工夫。益轩将致知力行视作为学的重要方法，就知行关系而言，他主张先知后行。

关于格物致知之工夫，贝原益轩也肯定程朱将《中庸》的"博学、审问、慎思、明辨"与格物致知相结合的思想，认为格物穷理致知过程中，四者缺一不可。他指出："此四件，缺其一则不可也。而以博学

①　井上哲次郎編『日本倫理彙編　卷之八』、65 頁。
②　井上哲次郎編『日本倫理彙編　卷之八』、95 頁。
③　井上哲次郎編『日本倫理彙編　卷之八』、417—418 頁。

为规模，非博学，则虽欲审问慎思明辨，然固陋偏狭而无所施功。窃谓，审问属于博学，明辨属于慎思。然则为学之道，其要在学与思而已。（中略）夫博学审问二者，求于人也，所求在外。慎思明辨二者，求于己也，所求在中。故虽博学审问，然不慎思明辨，则其所学徒在外，汗漫而不能自得于心。后之学者，博学者或有之，然不能格物致知者，岂非徒事博学，而缺慎思之功夫之故乎。故博学审问，是开初发功之事。慎思明辨，是成终收功之事。"① 四者中，博学为基础，若做不到博学，则后面的审问、慎思、明辨便无所施功。所以，先要博学、审问，而后慎思、明辨。

益轩着力强调天地万物之理及天下古今之义理，明确提出博学的重要性。他强调："宇宙之间事，即是吾分内事，不可不知焉。故天下之理，古今之迹，君子所当知也。苟欲知之，非博学而何以为哉。"② 可以说对博学的重视，直接推动了他在本草学、医学、博物学、地理学、算学等诸多领域的研究。

益轩还吸收了朱子格致论中的推类思想，认为固然格天下之万物而穷尽其理是为学成人、修己治人的根本，然而，天下之事非一人可以穷究，有所不能察识者也非常多。不过，万物各具一理，而万理同出一原。因此学者可就切近者穷究其精蕴，"其余则可以类推"。

另外，在格物致知的过程中，益轩也非常强调积累及融会贯通。他认为讲究多、积累久，就自然能够达到融会贯通。"致知之工夫，自一身之中，以至万物之理，不厌烦扰，讲究多，则自然豁然有觉悟。是格物穷理之工夫，而其中以当务为本，有本末缓急之序，不可紊也。"③ "君子之学，博览广闻，以穷理为务，故积累久，而贯通乎天地万物之道理，则俯仰于宇宙之间，而事物悉至无可疑，不乐复何如。"④ 益轩认为，通过格物穷理的工夫，"用力久，则于天下之理无所不通明"。⑤ 将天下之理融会贯通并自得于我之后，便"可约之一身，实践行之"。

---

① 井上哲次郎編『日本倫理彙編　卷之八』、92—93 頁。
② 井上哲次郎編『日本倫理彙編　卷之八』、56 頁。
③ 井上哲次郎編『日本倫理彙編　卷之八』、14 頁。
④ 井上哲次郎編『日本倫理彙編　卷之八』、418 頁。
⑤ 井上哲次郎編『日本倫理彙編　卷之八』、24 頁。

综上可见，在益轩实现“修己治人”的修养工夫中，格物穷理是最先的也是最重要的工夫。他讲“即物而穷其理”，讲“欲致知者在格物”，可见在他这里，格物穷理是获取知识的重要手段。而在格物穷理工夫之中，益轩又非常重视博学，认为“宇宙内事，皆儒职分内事”，主张通博万事，格天下之物穷其理，并达到各种知识的融会贯通。他说：“六书精蕴云，士字从十，象事之多。宇宙内事，皆儒职分内事。从一者，一以贯之也。是可谓说出士字意也。盖士者，可通博万事，勿执滞于一事而可也。”① 益轩不仅在格致论中强调万事之理逐一贯通，而且突出了接触外物及认识外物本质和规律的重要性。

益轩肯定了朱子关于致知通过格物、穷理之后笃行的思想。不过，主张理气一元论的他否定了朱子将天理作为认识的源泉的观点，指出“即物而穷其理”“欲致知者在格物”，认为认识是主体对客观的观察，主体要在格物过程中提高认识能力。益轩不仅在格致论中强调万事之理逐一贯通，而且突出了接触外物及认识外物本质和规律的重要性。此外，他也身体力行研究自然界事物，如本草学方面的《大和本草》、地理学方面的《筑前国续风土记》等著作，都是他强调博学、践行格物穷理工夫的具体表现。

（三）对“格物穷理”思想的转化及实践：益轩的本草学研究及《大和本草》

贝原益轩对本草学研究造诣极深。宽文十二年（1672），他对《本草纲目》进行重新校刻，并施以和文训点，附刻《本草纲目品目》及《本草纲目名物附录》各1卷，其被后世称为“贝原本”，是和刻本中学界所推崇的较有影响的版本之一。《大和本草》是益轩本草学研究的集大成之作。这是在《本草纲目》的基础上，结合其对日本本土情况的实地考察和实验而完成的一部本草学著作。这部巨著被认为是江户初期《本草纲目》研究的最大成果，也是日本本草学创立的标志。

益轩的本草学研究，大致可以分为三个阶段。首先，幼年对医学知识的涉猎，为他走上本草学研究之路奠定了基础。益轩的父亲宽斋曾为

---

① 井上哲次郎編『日本倫理彙編　卷之八』、516 頁。

筑前国福冈侯侍医，据说益轩自幼受其父熏陶，随其诵读医书，学习医学，对于医药及食物之性等颇有了解。在《大和本草》自序中他也谈及对物理之学产生兴趣是因为"自幼多病好读本草有志于物理之学也"。①其次，京都游学至完成《本草纲目》校刻为其本草学研究的第二个阶段，即其研究的深化发展期。益轩二十八岁时（1657），受藩主之命前往京都学习儒学，京都游学的七八年间，他除随松永尺五、木下顺庵等著名的朱子学家学习之外，还结识了向井元升（1609—1677，著有《庖厨备用倭本草》）、稻生若水（1655—1715，著有《植物类纂》）等本草学家，以及著名的农学家宫崎安贞（1623—1697，著有《农业全书》），而宫崎安贞对本草学也颇有研究。在他们的影响之下，原本就对本草学有着强烈关心与兴趣的益轩更加坚定了进行本草学研究的决心。他决定重新校刻《本草纲目》估计也正是受此影响。最后，1709 年，贝原益轩于 79 岁高龄时完成了其本草学巨著《大和本草》，可以说这是他本草学研究的集大成时期。《大和本草》共 21 卷，包括本编 16 卷、附录 2 卷、图谱 3 卷，收录品目 1362 种，分别按水、火、金、玉、石、土、谷、酿造、菜蔬、药、民用等分类，共 37 类。此书对《本草纲目》等前人的本草著作逐一考证，去除日本不出产或尚有存疑者后，抄取了《本草纲目》772 种、《本草纲目》之外群书 203 种，并增收了日本产特有品目358 种，最后加上荷兰、葡萄牙等西洋舶来品目 29 种。

《大和本草》不仅在选取的对象上不同于《本草纲目》，在内容方面也脱离了以《本草纲目》为核心的传统本草学的发展轨迹。《大和本草》中，对于所载对象的调制方法、药效、药理等仅在卷二的总论中概括性地提及。文中更多的是产物名称、产地、形状等博物志性质的内容。可以说，在校刻《本草纲目》后，益轩又经过了三十多年的知识积累及实证考察，终于完成了具有日本实地性及独特性的《大和本草》。

益轩的本草学研究与其朱子学研究是相互关联、相互渗透的。本草学之所以在日本江户时代得到独特的发展，不能忽略的一个重要因素就是朱子学，尤其是其中侧重实证性及合理性的"格物穷理"之学。

---

① 　貝原益軒『大和本草』、国立国会図書館デジタルコレクション、http：//dl. ndl. go. jp/info：ndljp/pid/2557363。

在江户时代进行自然研究，并为后来日本引进西方科学开辟了道路的学者大多有儒学（特别是朱子学）背景。在此意义上，益轩可以说是着先鞭的代表性人物之一。益轩之前有将《本草纲目》引入日本，并在此基础上著有《多识篇》的林罗山，还有前面所提到的与益轩差不多同时期的向井元升、稻生若水、中村惕斋（1629—1702，著有《训蒙图汇》）等。他们都有朱子学背景，林罗山和中村惕斋更是当时著名的朱子学家。可见朱子学为江户时代本草学的发展提供了一定的知识支撑。

在此意义上，《大和本草》既是一部本草学著作，也是贝原益轩对强调"即物穷其理"的"物理之学"的研究成果。益轩将朱子学中"格物穷理致知"的思想为己所用，强调通过主体对客观事物的观察来提高认识能力。因此也可以说，朱子学中的"格物穷理"思想是其本草学研究的理论依据。这从《大和本草》的自序中可以窥见一斑。

益轩在自序中指出："古人有谓宇宙内事皆儒分内事，盖经以载道，史以记事，其次集物之书亦不可无。是本草暨诸载籍之所以不可缺也。且本草之学所以为切乎民生日用者，亦有以也。"[1] 他认为，学问有三，一为经（以载道），二为史（以记事），第三便是集物之书。在这里，益轩将"集物"这一新的领域及方法纳入儒学。益轩所言之"物"，即除人以外的鸟兽虫鱼草木，而自古至今的本草诸书便是"集物"之书。那么，为什么要研究本草之学呢？益轩指出，本草之学之所以必要，是因为它是一门关乎"民生日用"的学问。

因此，他又说："品物之良毒诚难测知，众人之用舍亦宜慎择。不但多识其名而已也。然则物理之学其关系亦不可为小也。"[2] 因品物（本草）之良毒难以测知，故众人用舍时应慎重选择。这就要求集物之书不能只是"多识其名而已"，还必须即物穷理，准确把握各物之性。

在益轩看来，本草之学就是物理之学。在《大和本草》自序中益轩多次提及"物理之学"，如："然则物理之学其关系亦不可为小也。夫以古昔圣人开物成务之功固至乎大哉。（中略）不佞自幼多病好读本草有

---

① 貝原益軒『大和本草』国立国会図書館デジタルコレクション、http：//dl. ndl. go. jp/in-fo：ndljp/pid/2557363。

② 貝原益軒『大和本草』国立国会図書館デジタルコレクション、http：//dl. ndl. go. jp/in-fo：ndljp/pid/2557363。

志于物理之学也。（中略）然自粗入精，自狭至博，亦为学之方也。初学之士以此为造精博之阶梯则亦庶乎。有小补于物理之学之万一而已矣。苟博洽之君子补益其缺略，改正其讹谬，则予之诚所愿也。"①

可见，在益轩这里，"集物"之书并非单纯地将天下鸟兽虫鱼草木罗列记载，还要穷究各物之性理。只有了解天下庶务之性理，才能尽其用。就这样，益轩将"集物"即本草之学纳入儒学，将其视为儒者分内之事。

贝原益轩除在自序中多次提及"物理之学"之外，还在卷一特设"论物理"篇，从阴阳的角度将人物的化生分为"气化""形化"，并通过一些实例具体论述了诸草木虫鱼鸟兽之理。他认为天地万事万物之存在及生息皆为自然之理，强调天地间无理外之事，所以为学应格物穷其理。且穷理要精，既要知其常，又要知其变，只有这样才可以尽天地之理。

贝原益轩也指出："品物制伏者，自然之性也，不可以五行生克之理，强臆度也。"因此，他主张"博学"，充分发挥"格物穷理致知"于"物理"之学，以尽天下之理。

如前所述，关于"格物穷理"之工夫，益轩继承了朱子学的治学工夫论，认为即物穷理要"博学、审问、慎思、明辨"。与此相应，益轩本草学的途径和方法，大致可概括为从前人之书中汲取知识，阐发前人研究成果以及实际观察、验证各种品物两种方法。

从《大和本草》的引据书目中可以看出益轩对前人成果的参考与借鉴。他在卷一"凡例"及"论本草书"中列出了《神农本草》《名医别录》《齐民要术》《农政全书》《本草纲目》等中国历代本草书目以及《日本书纪》《万叶集》《倭名类聚抄》《多识篇》《训蒙图汇》等日本古籍所载本草内容，可见他是在广泛涉猎本草类相关书籍，并对前人著述参考借鉴的基础上进行本草学研究。

益轩又指出，前人研究成果固然值得参考借鉴之处颇多，但其中亦不乏"误认而相乱名实者"，因此强调阅读参考《本草纲目》等相关群书时不可"执一而妄信"，而应详察（《大和本草》卷一"论本草书"）。

---

① 貝原益軒『大和本草』国立国会図書館デジタルコレクション、http://dl. ndl. go. jp/in-fo：ndljp/pid/2557363。

另外，还要敢于提出疑问。如益轩对《本草纲目》的品目分类就有疑问。他认为《本草纲目》中将菊、艾、菌、藻、青蒿、黄花蒿归为隰草颇有不妥。这些草类宜高燥之地，特别是菊及地黄甚忌低湿，不应归类为隰草。而此类草皆有香气，应归为芳草类。因此，对待古人的研究成果，应考核明辨而不能尽信之。

实际考察验证（田野调查）是益轩本草学研究的第二种方法。《大和本草》卷一"凡例"中亦可见益轩对此方法的运用。《大和本草》是他"用心涉猎搜索多，历年所随所闻见，捡采而辑录"及"尝所亲观听民俗所称谓品物之名称形状亦粗记之"的实证考察之作。前人的研究成果固然值得学习参考借鉴，但益轩更主张在前人研究成果的基础上，通过自己实际的考察、验证，"究其品物，通其性理，考其是非，正其讹误，分其真伪，辨其同异"。①

综上可见，贝原益轩的本草学研究并未停留在对《本草纲目》的学习与模仿层面，而是在与本土物产品目的比较以及大规模的实地考察的基础上进行的。他的本草学研究与其之前的传统本草学研究有所不同，有注重实践、实证、实用主义的实学特点，同时在内容上有着博物学及物产学的特色。益轩将本草学作为物理之学，强调"格物穷理"，为学要穷尽事物的性理。益轩这里的"物理"较朱子更强调"事理"，明显益轩更注重物之性理。从这一意义而言，他具体实践并转化了朱子"格物穷理"的内容，使"格物穷理"更具有了科学面相。

随着《本草纲目》的传入与普及，本草学在日本江户时代得到了极大的发展。加上朱子学中包含实证性及合理性侧面的"格物穷理致知"等思想的影响，人们对于自然界存在的种种事物产生了强烈的关心及浓厚的兴趣。作为朱子学信奉者的贝原益轩就是在这种"格物穷理致知"的影响下进行其本草学研究并完成了《大和本草》。

贝原益轩站在理气不可分论的立场，更强调理是气之理，强调"朱子学后天的、经验的理这个方面"，② 而将气作为终极原理，主张世界应通过直观洞察来认知。因此较朱子强调的"持敬内省"，他更注重对外

---

① 贝原益轩『大和本草』国立国会図書館デジタルコレクション、http：//dl. ndl. go. jp/in-fo：ndljp/pid/2557363。

② 〔日〕源了圆：《朱子学"理"的观念在日本的发展》，《哲学研究》1987 年第 12 期。

部事物的探求。所以朱子的"格物穷理"思想，到了贝原益轩这里内涵发生了转变，被明确赋予了探求外部事物本质和规律的含义。

需要指出的是，贝原益轩在本草学方面所讲的"格物穷理"与其作为朱子学家所讲的"格物穷理"在内容、方法、目的上都有所不同。朱子学中虽亦提出研究"物理"，但对"物理"的穷尽最终是为对人伦之理的把握而服务的。因此，朱子学所讲的格物工夫分"内省"与"外求"，且更重视"内省"的方法。本草学研究则不同。本草学研究中的"格物穷理"，主要是格"草木虫鱼鸟兽"并穷其理，即研究药物之理，而在这方面的工夫主要是外证、外求，而不是内省，且其目的是"资民生日用"。但显然贝原益轩的本草学研究是以朱子学"格物穷理"的认识方法为指导的。从另一层面讲，益轩把"格物穷理"思想导向了一个新的方向，即通过实证考察的方法探寻外部事物之理。

《大和本草》改变了以往本草学著述局限于对《本草纲目》的单纯解释，大胆提出了对《本草纲目》分类等诸多方面的疑问，讲求实际的考察验证，这是《大和本草》与以往的本草学著作最大的不同之处。这也是益轩对朱子学"格物穷理"思想的进一步发展。贝原益轩在理气不可分论的理解下将朱子学先验性的"理"转换成了作为事物规律的经验性的"理"，推动了朱子学向经验合理主义的转变，也推动了经验科学和实证科学在日本的萌芽及发展。可以说这是朱子学在江户时代"日本化"的一种模式。

三　山崎闇斎における「中」概念の神道的展開

　「中」概念は、『中庸』以来の重要な儒学概念で、従来から各時代の儒学者によって多様な解釈が行われてきた。それは、宋代に至って程朱によって特に重要視され、朱子学体系を構成する枢要な概念である「性」や「道」、「徳」、「敬」などのすべてと関連する基本概念となった。朱子学の学統を継承した山崎闇斎（一六一八――一六八二）も、この「中」概念を重視し、その真意への理解に組み込んだ。その一方、闇斎は、神道研究を進める中で、この「中」が日本本来の「道」である神道にもあると考えるようになり、それを日本の神話、神道思想と結びつけ、神道的な解釈を展開するに至った。

　本稿では、比較思想的な観点から、（1）朱子学と比較しながら、闇斎による朱子学の「中」概念受容の過程において、どのような変容があったかを考察する。（2）闇斎の学問思想の内部から、この概念についての闇斎の朱子学的理解と神道的解釈との関連性を検討する。更に、（1）と（2）の考察・検討を通して、闇斎における「中」概念の神道的展開の過程を明らかにし、その「中」概念の特質、意義を明確する。ここでは、敢えて朱子学本来の「中」概念の「中」を「チュウ」と訓み、闇斎によって神道化されたのを「ナカ」と訓むことにする。闇斎の「中」概念の受容・変容過程は、即ち「チュウ」から「ナカ」への展開過程だと考える。①

---

　①　闇斎の思想における「中」の重要性については、すでに多くの先学によって指摘されている。たとえば、谷省吾の「『垂加中訓』と『風水草』の間」（『神道史研究』三十（四）、1982、神道史学会）、高島元洋の『日本朱子学と垂加神道・山崎闇斎』（ぺりかん社、1992）、田尻祐一郎の『山崎闇斎の世界』（ぺりかん社、2006）などが挙げられる。谷氏は、「中臣祓」の注釈書としての『垂加中訓』と『中臣祓風水草』の両書を比較しながら、闇斎の「中臣祓」に対する考えの転換や変容を検討した。そのなかで、闇斎の「中」への関心や朱子学からの影響が言及した。高島氏は、その著書の第二部「修養論」で「闇斎学の修養解釈」という一章を設けて、朱子学の「中」と闇斎学の「敬」を修養論の観点から分析した。また、田尻氏は、闇斎の「サルタヒコ」解釈と「中」との関係について言及して、「「中」を守ることの典型として闇斎が考えるのは、サルタヒコの話である」と指摘した。このように、闇斎の「中」概念についての研究は、その論点も考察対象もばらばらの状態で、まとまった体系的な研究はまだなされていないといえる。

（一）朱子学の「 中^{チュウ} 」概念

　　周知のごとく、山崎闇斎は神道の研究に入る前に、すでに一流の
朱子学者として知られていた。彼の発言「朱子を学んで謬らば、朱子
と共に謬るなり、何の遺憾かこれあらん」[①] から窺われるように、彼
の朱子（一一三〇—一二〇〇）に対する傾倒は、一種のファナティッ
クな宗教信仰のようなものであった。しかし彼は、決して井上哲次郎
のいうような「朱子の言説を盲信する精神的奴隷」[②] ではない。いく
ら敬虔な朱子学者であると言っても、彼の朱子学と朱子のそれとは、
全く同質なものと見ることはできない。相良亨が、「徳川時代の儒教」
で「初期の儒教思想界を支配したのは朱子学であったが、その朱子学
は中国の朱子学そのものではなく、羅山・闇斎といった日本人によっ
て、それぞれ個性的に受けとめられた朱子学である」[③] というように、
朱子学と言っても、中国の場合と日本の場合では内容が異なり、また
日本にあっても個々の思想家毎で理解が違うのである。本稿では、中
国の朱子学と日本の朱子学の同質・異質という大きなテーマを論ずる
つもりはないが、その前提として、朱子学の一つの重要な概念として
の「中」に対して、朱子と闇斎はそれぞれどう理解したのかを検討す
ることによって、朱子学の日本における受容過程では、どのような変
容が起こったのかを検討しておく。[④]

　　まず、「中」について、朱子はどのように理解しているのかを見

---

① 山田連『山崎闇斎先生年譜』『山崎闇斎全集』第四巻、ぺりかん社、1978、410—
　411 頁。
② 井上哲次郎『日本朱子学派之哲学』冨山房、1909、410 頁。
③ 相良亨『誠実と日本人』ぺりかん社、1990、225 頁。
④ 闇斎の朱子学理解をどのように考えるべきかということについて、様々な視点が
　あるが、基本的には二つの方向に分けられる。つまり、闇斎の日本朱子学と朱子学
　そのものとをほぼ同質とみるか、あるいは異質なものと捉えるかの二つである。こ
　れに関する研究史は、高島元洋によって詳しく整理されているので、具体的には、
　高島氏の『日本朱子学と垂加神道・山崎闇斎』7—19 頁参照。ところで、高島氏は、
　中国の朱子学と日本の朱子学を別のものと考えるべきという立場で、闇斎の朱子学
　を日本朱子学と読んでいる。筆者も基本的にこの立場をとる。だが、本稿で検討し
　ようとするのは、彼此の朱子学を全く別個のものとするのではなく、その受容過程
　において、どのように変容したのかという問題である。

てみよう。

　　夫、所謂「只一個中字者」、中字の義未だ嘗て同じからず、ま
た曰く、偏せず倚せず、過不及無きのみ。然し「用不同」は、即ち
所謂「在中之義」と有り、所謂「在中之道」と有るは、これなり。
蓋し所謂「在中之義」は、喜怒哀楽の未だ発せざる、渾然在中、亭
亭当当、未だかの偏倚過不及有らざる処を言う。其之れを中と謂う
は、蓋し性の体段を状する所以なり。所謂「在中之道」と有るは、
乃ち即事即物、自ら箇の恰好の道理が有り、偏せず倚せず、過不及
無し。其之れを中と謂うは、則ち道の実を形する所以なり。
　　（「答張敬夫」『晦庵先生朱文公文集』巻三十、一三三八頁）①

　「中」には二つの意味が含まれる。即ち、「在中之義」と「在中之
道」である。「在中之義」は、また「未発の中」と言い、それは即ち、
『中庸』にいう「喜怒哀楽の未だ発せざる、これを中と謂ふ、発して
皆節に中る、これを和と謂ふ、中なる者は、天下の大本なり、和なる
者は、天下の達道なり、中和を致せば、天地 位 し、万物 育 す」の
「中和」の「中」である。この「中」はすなわち、喜怒愛楽などの人
の感情が発する前のもので、人に内在するものであり、一種の精神的
実体である。また、人の感情が発する時、「中」に則れば、即ち「和」
になる。ここで、朱子は程伊川に従って「中なる者は、性の体段を状す
る所以なり」と解釈して、「未発の中」をもって「性」を言っている。
　　それに対して、「在中之道」とは、「即事即物の恰好の道理」であ
り、「道の実」を形するものである。これはまた、「君子時中」や「允執
厥中」の「中」と解することができる。「君子時中」とは、『中庸』の
「君子中庸、小人中庸に反す、君子の中庸なるは、君子にして時中、小
人の中庸なるは、小人にして忌憚無きなり」に由来する言葉であり、朱
子の解釈によれば、君子が時に従って中を処すという意味である。「允執

---

①　劉永翔、朱幼文校点『晦庵先生朱文公文集』（朱傑人等主編『朱子全書』上海古籍
　出版社、安徽教育出版社、2003）以下の引用では『朱文公文集』と略す。

厥中」は堯から舜に伝える言葉であると言われるが、朱子はこれを「中ただこれ恰好の道理、允、信なり、真に執得なり」と解釈している。

　以上、「中」には「性」と関連するもの（「未発の中」）と、「道」と関連するもの（「君子時中」・「允執厥中」）があることを、述べてきた。次に、それぞれの具体的な意味を検討してみよう。

　1.「中和」

　「中和」の問題は、また「已発未発」の問題とも言う。前に既に述べたように、「中和」の二字は、『中庸』の「喜怒哀楽の未だ発せざる、これを中と謂ふ、発して皆節に中る、これを和と謂ふ」に由来する。朱子の解釈によれば、この「中」は、「喜怒哀楽の未だ発せざるところ」であり、「性」であり、「天下の大本」、「道の体」でもある。「和」は、喜怒哀楽の「発にして節に中る」ところであり、「情」であり、「天下の達道」で「道の用」である。[①]

　　　喜怒哀楽、情なり、其の未発、則ち性なり、偏倚する所無き故、之を中と謂う。発にして皆節に中るは、情の正なり、乖戻する所無き故、之を和と謂う。大本とは、天命の性、天下の理みな此由り出づるなり、道の体なり。達道とは、性に循うの謂いなり、天下古今共に之れに由る所、道の用なり。此れ性情の徳を言い、以て道の離るべからざるの意を明らかにするなり。

　　　　　　　　　　　　　　　　　　　　（『中庸章句集注』）[②]

　　　情の未発は性なり、是れ乃ち中の謂う所なり、天下の大本なり。性の已発は情なり、其れ皆節に中るは、則ち和の謂う所なり、

---

①　朱子の「中和」に対する理解は「中和旧説」から「中和新説」への二つの段階があった。この思想変化は、朱子の思想形成過程における重要な転換だと、従来指摘されている。朱子は「旧説」の中で、「心為 _レ_ 已発、性為 _レ_ 未発」と主張したが、「新説」の中で、「心貫 _レ_ 乎已発未発」と主張した。これに対応して、修養方法では、「先察識後涵養」の旧説から「涵養于未発、察識于已発」の新説へと変わった。しかし、その旧説は、あくまでも朱子思想形成過程の一段階であり、その後暫く経ってから、朱子自身によって否定された。そして、闇斎の受け入れた「中和」概念も、主に新説のときのものである。そのため、本稿では、主に新説の「中和」概念を検討する。

②　朱熹『四書章句集注』中華書局、1993、18頁。

天下の達道なり、天理の主宰なり。

　　　　　（「太極説」『朱文公文集』巻六十七、三二七四頁）

　（周子）曰く、天命の性渾然のみ、其の体を以てして之れを言うには、則ち中と曰う。其の用を以てして之を言うには、則ち和と曰う。中とは、天地の立つ所以なり、故に大本と曰う。和とは、化育の行う所以なり、故に達道と曰う、此れ天命の全なり。

　　　　　（「中庸首章説」『朱文公文集』巻六十七、三二一六頁）

　事物未だ至らず、思慮未だ萌えずにして一性渾然、道義全て聚うは、其れ中と謂う所なり。これ乃ち心の体を為して寂然不動なる所以なり。其の動くに及ぶと、事物交り至りて、思慮萌える、則ち七情迭用して、各攸主有り、其れ和と謂う所なり。これ乃ち心の用を為して感じて遂に通ずる所以なり。

　　　　　（「答張欽夫」『朱文公文集』巻三十二、一四一九頁）

　朱子によると、性は即ち理である。理は天にあっては理と言うが、人にあっては性という。「中」は「性」の「過不及無し」「偏倚無し」ところを表すという。従って、この場合の「中」は、天然の性であり、自然の理である。朱子は更に「思慮未萌、事物未至」、「喜怒哀楽の未だ発せざるところ」、「寂然不動」などをもって「中」を説明しながら、「性」と「心」の関係を論じ、「性」を「未発の中」、「情」を「已発の喜怒哀楽」とし、更に「心」を「性」と「情」を貫通するものとする。「思慮未萌、事物未至」は、「喜怒哀楽の未だ発せざるところ」であり、心の「寂然不動」の状態である。この状態にあるのは、即ち天命の性、渾然の性である。この状態の「性」は、「偏倚無し」、「過不及無し」故に、それをまた「中」と言うのである。一方、事物交りて至るとき、思慮が芽生え、従って喜怒哀楽の情が発する。その発して節に中り、乖戻無きところは、即ち「和」であり、このときの状態は「感じてすぐに通ずる」状態である。ここで、朱子は「心統性情」説（心は性情を統ぶる者なり）を主張し、「中和」が心の異なる段階であると論じている。これを体と用の関係で言えば、即ち心の未発状態の「中」が「体」で、その已発状態の「和」が「用」になる

のである。これは所謂朱子の心性論である。

　このように、朱子は「未発」の「中」と「発して節に中る」「和」の二つの状態をもって性情を解釈して、更に性情をもって「心」を把握しようとする。心は性と情の両方面を貫きながら、同時に体と用を兼ねる。性と情の関係は、また心の体と用の関係であり、それを表現様式で言えば即ち「中」と「和」の関係であると理解される。「中」は天然の性、心の理であり、心が受け継ぐ天地自然の理である。これは天下の大本であり、人間が必ず守るべき自然の道理である。しかし、人間は誘惑されやすいものであるため、「大本立たず所あり、発して節に中らずして、達道行わざる所あり」という結果を致し、その最終結果として、「天理流行と雖も、未だ嘗て間断なし、しかして其我に在る者、或はほぼ息すや」になる、と朱子はまた指摘している。そのようなため、人間は一定の修養工夫を行わなければならない。その工夫体験は、即ち「存養・省察」である。朱子は、「中・和」と「存養・省察」の関係について、次のように説明している。

　　　大抵、未発・已発はただこれ一項の工夫なり、未発は固より存養を要す、已発もまた審察を要す、事に遇えば時々また提起して、自ら怠りて放過する心を生ずべからず、時として存養せざること無く、事として省察せざること無し。

　　　　　　　　　（『朱子語類』巻六十二、一五一一頁）①

　　　存養はこれ静の工夫なり、静なる時はこれ中なり、其の過不及無く、偏倚する所無きを以てなり、省察はこれ動の工夫なり、動く時はこれ和なり、才かに思うこと有れば、便ちこれ動なり、発して節に中りて乖戻する所無ければ、乃ち和なり。

　　　　　　　　　（『朱子語類』巻六十二、一五一七頁）

「存養」は、「静工夫」であり、「静時」の「未発」の「中」は存

---

① 〈宋〉黎靖徳編、王星賢点校『朱子語類』中華書局、1986。

養を必要とする。「省察」は、「動工夫」であり、「動時」の「発而中節」の「和」は省察を必要とする。つまり「時として存養ぜざることなく、事として省察せざること無し」というのである。またこれと関連する概念として、「敬」と「義」の修養概念が提出されている。

> 蓋し敬以て内を直くして喜怒哀楽の偏倚する所無きは、夫の中を致す所以なり。義以て外を方にして喜怒哀楽の各々其の正を得るは、夫の和を致す所以なり。敬・義夾持して、涵養・省察し、其の戒謹恐怯を用いざる所無し、ここを以て、其の未発に当りて而も品節已に具わり、発用する所に従って而も本体卓然たり。以て寂然・感通の少しの間断すること無きに至れば、則ち中・和我に在りて、天・人に間無し。而して天地の位する所以、万物の育する所以は、其れこれに外ならず。
>
> （「中庸首章説」『朱文公文集』巻六十七、三二六五頁）

敬を以て内を直くすれば、「中」を致す。義を以て外を方にすれば、「和」を致すという。「敬以直内」の「内」とは、「未発」の「性」ということであり、「義以方外」の「外」とは、「已発」の「情」ということである。このように、「敬」と「義」の対比、「内」と「外」の対比、更に「存養」と「省察」の対比は、すべて「未発」（「中」）と「已発」（「和」）で捉えられたのである。また「敬以直内」「義以方外」の意味は、それぞれ「未発」の「存養」、「已発」の「省察」に対応する。

このように、朱子は、「中和」について、「未発の中」は「性」であり、「理」であって、「心の寂然不動の体」であり、「已発の和」は、「発して節に中る」「情」であり、「心の感而遂通の用」である、と解釈している。またここから、「敬義夾持」「存養省察」という「中和を致す」ための修養方法論を提出したのである。

以上、「在中之義」としての「中」概念を「未発の中」及び「已発の和」の説明を通して簡単に考察してきた。次に、そのもう一つの意味即ち、「在中之道」としての「中」を検討してみる。「在中之道」

としての「中」の意味は「君子時中」や「允執厥中」でいう「中」と解される。

2.「君子時中」・「允執厥中」

まず「君子時中」について、朱子は次のように説明している。

君子は只是箇の好人を説くなり。時中は只是箇の恰好の事を做し得るを説くなり。

「君子にして時を中す」は、易傳の中に「中は正より重し、正は必ずしも中ならず」と謂う所の意に同じ。正は且是箇の善悪を分別するなり、中は則ちこれ恰好の処なり。君子の徳が有りて、而も又時に随って以て中を処すは、方にこれ恰好の処に到るや。

（『朱子語類』巻六十三、一五二一―一五二二頁）

「君子時中」の「君子」とは、「徳」を持つ「好き人」である。「時中」とは、「恰好の事をなし得る」のを説くものである。また、「中」は「正」と異なって、「正」は善悪を分別するものであるが、「中」は「恰好処」である。この「恰好処」とはなにかというと、それはすなわち、君子が「徳」を有しながら、時に随って中を処すことである。

一方、朱子はまた、「君子時中」を「允執厥中」に対応させている。「中庸章句」の「序」において、朱子は次のように述べている。

上古に聖神、天を継ぎ極を立ててより、道統の伝、自ら来ること有り、其の経に見ゆるのは、則ち「允（まこと）に厥（そ）の中を執（と）れ」とは、堯の舜に授けた所以なり、「人心は惟れ危し、道心は惟れ微かなり、惟れ精惟れ一、允に厥の中を執れ」とは、舜の禹に授けた所以なり、堯の一言、至や、尽や、而して舜また三言を以て之れを益したのは、則ち夫の堯の一言を明らかにする所以なり、必ず是の如きにして後庶幾すべきなり、（中略）、其の「天命率性」と曰うは、則ち道心の謂いなり、其の「択善固執」は、則ち精一の謂いなり、其の「君子時中」は、則ち執中の謂いなり。

（「中庸章句序」）『朱文公文集』巻六十七、三六七三―三六七四頁）

　　「允執厥中」とは、堯が舜に授ける訓えである。舜が禹に伝える時、それに「人心惟危」（「人心は惟危ふし」）、「道心惟微」（「道心は惟微かなり」）、「惟精惟一」（「惟精、惟一」）の三言を加えて授けたという。朱子学では、「道統」という相承の系譜が認められている。それはすなわち、堯から舜、舜から禹、禹から湯・文・武に代々伝えられ、更に孔子に至る。その後、顔子・曽子・子思・孟子を経て、宋代になって、程明道・程伊川の二兄弟に受け継がれる。朱子は、また二程からこの「道統」を受け継ぐ。子思（BC 四八三年—BC 四〇二年）が『中庸』を作ったのは、「道学」の「道統」が失われるのを憂えるからである。

　　さて、この「道統」の内容とはなにか。朱子によれば、それは「人心惟危、道心惟微、惟精惟一、允執厥中」に外ならず、更に要をとれば、すなわち「允執厥中」になる。既に高島元洋が指摘するように、ここで、朱子は「允執厥中」に堯舜禹と相伝された「道統」があり、そこにおいて伝えられた「意」というのが、「中」に他ならないと考えた①。そして、「允執厥中」の「中」の意味を『中庸』の言葉で言えば、すなわち「君子時中」の「中」である。この「中」は、「恰好の道理」であり、「允執厥中」とは、すなわち「信」に「恰好の道理」を「執得」することである。

　　一方、「中」を執るには、「惟精惟一」でなければならない。「中庸章句序」で朱子は「惟精惟一」を『中庸』の「択善固執」に対応させている。これは、すなわち修養のあり方であり、すでに前述した「敬義夾持」「存養省察」といった修養概念と共通する②。

　　以上「君子時中」と「允執厥中」の意味について述べてきた。この場合の「中」は、「恰好の道理」であり、それは、定体なく、その

---

① 高島元洋『日本朱子学と垂加神道・山崎闇斎』、367 頁。
② 「中庸章句序」で朱子は「惟精惟一」を「択善固執」に対応させているが、彼のほかの用例の中には曖昧なものがある。高島氏の指摘によると、「「惟精惟一」を「敬」と解すれば、「惟精」—「惟一」は「省察」（義外）—「存養」（敬内）ということになる」。つまり、ここで「惟精惟一」は存養・省察の概念系列にあるわけであるが、これに対して「択善固執」は居敬・窮理の概念系列に入るという（高島前掲書、368—372 頁）。

場その場に応じて定まるものである。また、この「中」には同時に修養論的と実践論的な意味が含まれる。すなわち、「君子時中」、「允執厥中」の「中」を把握するには、一定の修養工夫を備えなければならないし、道理にかなう正しい行動をするためにも、「中」に従わなければならない。つまり、この場合の「中」は、「理」や「性」の形而上的なものというより、むしろ実践の指針としてプラクティスの面を重視する実践的なものである。

3．小結

以上、「在中之義」としての「中」の意味と「在中之道」としての「中」の意味を簡単に説明してきた。次に両者は如何なる関係にあるのかを検討してみたい。

（1）性と道

前述したように、「在中之義」の「中」は「性の体段」を名状するところをもって「中」というが、「在中之道」の「中」は「道の実」を形容するところをもって「中」という。つまり、前者の「中」は「性」であり、後者の「中」は「道」である。両者は「性」と「道」の関係である。

さて、「性」と「道」は如何なる関係なのか。『中庸』に「天命之謂性、率性之謂道、修道之謂教」という言葉がある。これについて、朱子は次のように解釈している。

　　　　命、令の猶きなり。性、即ち理なり。天は陰陽五行を以て万物を化生し、気の形成るを以てして理亦賦するは、命令の猶きなり。是に於いて人物の生、各其の賦する所の理を得て、以て健順五常の徳と為るは、性と謂う所なり。率は、循なり。道は道の猶きなり、人物各其の性の自然に循えば、則ち其の日用事物の間、各の当に行く路が無きことは無し、これ則ち道を謂う所なり。修、品節の謂いなり。性道同じと雖も、而して気稟或は異なるなり。

　　　　　　　　　（「中庸章句」『四書章句集注』、一七頁）

性はすなわち、理である。人が生まれると同時に「理」が得られ、その「理」をもって「健順五常の徳」をなす、これがいわゆる性である。また、人はその「性の自然」に従えば、その各々の行くべき路が現れる。これがすなわち、道である。「性」と「道」は同じであるが、時に「気稟」の違いがあるという。このように、「性」は「理」であるが、「道」は「理」に従う行動の規則となるものである。「道」は「性」を根源とする。「性」は存在論的な概念であるが、「道」は実践論的な概念である。

（2）体と用

朱子はまた「体」と「用」の関係で「中」を説明している。『朱子語類』に次のように述べられている。

　　　『中庸』の「中」、本はこれ過不及無きの中なり、大旨は時中の上に在り、若し其の中を推せば、則ち喜怒哀楽未だ発せざるの中に自りて「時中」の「中」と為る。未発の中はこれ体なり、「時中」の「中」はこれ用なり、中字は中和を兼ねて之れを言うなり。

　　　　　　　　　　　　　　　（『朱子語類』巻六十二、一四八〇頁）

　　　性情を以て之れを言えば、之れを中和と謂う、礼儀を以て之れを言えば、之れを中庸と謂う、其の実は一なり、中を以て和に対して言えば、則ち中は体、和は用なり、此こ之已発・未発を指して言うなり、中を以て庸に対して言えば、則ちまた折り轉えて来たり、庸はこれ体、中はこれ用なり、程伊川の云う如き「中は天下の正道なり、庸は天下の定理なり」は、これなり、此の「中」は却ってこれ「時中」、「執中」の「中」なり。

　　　　　　　　　　　　　　　（『朱子語類』巻六十三、一五二二頁）

朱子の理解では『中庸』の「中」は、その「大旨」が「時中」にあるという。しかし、更に推論すれば、実は「時中」の「中」は「喜怒哀楽未発」の「中」を根源とするのである。また「未発の中」は「体」で、「時中」の「中」は「用」である。「時中」の「中」は

「未発の中」を前提とするため、『中庸』では「時中」の「中」を説くために、「未発の中」に論及すると言われる。

　ちなみに、「中和」と「中庸」の異同について、朱子は「性情」をもって言う場合は「中和」で、「礼儀」をもって言う場合は「中庸」であると解釈する。体と用の関係で言えば、「中和」の「中」は「体」で、「和」は「用」である。それに対して「中庸」の場合は、「中」は「時中」・「執中」の「中」で、「天下の正道」であり、「用」である。「庸」は「天下の定理」で「体」である。

　以上のように、朱子の言う「中」には「未発の中」と「君子時中」の「中」という二つの意味が含まれる。両者を含めて「中和」「中庸」と言う。朱子は、「未発の中」において「理」（「天命の性」）の所在を表し、「君子時中」・「允執厥中」において「理」に基づく実践を述べる。また、「中」を実践するには、「敬内義外」、「存養省察」、「択善固執」の修養工夫が必要であるという。このように、朱子の考えた「中」は、自然の原理の「未発の中」から、その自然原理に基づく実践、また実践に対する修養方法まで包括する概念である。

　さて、朱子におけるこうした思想実践の階梯としての重層的な意義を持つ「中」を、闇斎は如何に理解して、また如何に日本化したのか。次にこの問題について考えよう。

（二）闇斎の「中（チュウ）」概念理解

1.『垂加中訓』と『中和集説』

　闇斎は、その寛文七年（一六六七）に編纂した『洪範全書』① で次のように述べている。

---

① 「洪範」は、『書経』に収められる一書である。闇斎の序文によると、河図によって伏義が『易』を作ったのに対して、洛書によって禹が述べたのは「洪範」である。朱子は『易』についてその本義を闡明したが、「洪範」については、朱子の門人蔡西山の子、蔡九峰によってその本旨を発揮したという。『皇極内篇』が、すなわちそれである。闇斎がそれを『整理大全』や『周易全書』から復元し、闇斎自身の見解をも加えたのが、『洪範全書』である。

中之本然、有レ善而無レ悪、於レ是乎見焉、書所レ謂上帝之衷、
伝所レ謂天地之中、而堯舜禹相伝之中、是也。我国封二天地之神一、
号二天之御中主尊一矣、伊弉諾尊伊弉冊尊継レ神建二国中柱一矣、二
尊之子、天照太神、光華徹二六合一、如二大明中一天、則授以二天
上之事一、蓋上下四方、唯一理而已矣、故神聖之道、不レ約而自符
合者、妙哉矣。

　　　　　　　　　　（『山崎闇斎全集』第三巻、三五三頁）①

　朱子学の理解によると、『洛書』でいう「五中」とは、『中庸』の
いう「中和」の「中」であると同時に、『中庸章句』のいう「允執厥
中」の「中」でもある。ここで、闇斎はまたその「中」を、日本の場
合の天御中主神の「中」や、『日本書紀』神代巻にある「国中柱」の
「中」としている。このように、闇斎の「中」に対する理解は、ただ
朱子学の面に留まらず、日本の神道思想と結びつけて、「中」を一つ
の神道概念として考えるようになった。
　『垂加中訓』は、闇斎の「中臣祓」に対する註釈の未定稿本であ
る。谷省吾によると、この稿本は、寛文九年（一六六九）閏十月二十
五日から寛文十一年（一六七一）年八月十八日までの間に書かれたも
のであるという。② ちなみに、闇斎は寛文九年（一六六九）九月東遊
の途中で伊勢神宮を参拝し、その時大宮司大中臣精長から「中臣祓」
を伝授されたようである。従って、闇斎は「中臣祓」を伝授されて
間もなく、それについての注釈活動を始めたことが分かる。恐らく
「中臣祓」の伝授を得たことによって、闇斎は『洪範全書』で指摘し
た「神聖之道、不約而自符合者」という考えを深化させたのであ
ろう。
　すでに前述したように、『中庸』をとくに尊んだ朱子にとって、
「中」を如何に理解すべきかは彼の主な関心問題であった。これは、敬
虔な朱子学者としての闇斎にとっても同じく重要な研究課題であって、

①　日本古典学会編『山崎闇斎全集』（ぺりかん社、1978）、以下の引用では『闇斎全
　　集』と略す。
②　谷省吾『垂加神道の成立と展開』国書刊行会、2001、114頁。

また恐らく早くから関心を抱いた問題でもあろう。しかし、闇斎の「中」理解は、朱子学の面のみに留まらず、その神道研究を進めるにつれて、神道の面から「中」を考えるようになった。『垂加中訓』の著述（草稿作成）自体がその具体的な例証になるだろう。①

　『垂加中訓』の「垂加」二字は、『造伊勢二所太神宮宝基本記』・『伊勢二所皇太神宮御鎮座伝記』及び『倭姫命世記』に見える天照大神の御託宣「神垂以_祈祷_為_先_、冥加以_正直_為_本_」に由来する。闇斎は、明暦元年（一六五五）に書いた「伊勢太神宮儀式序」でこの託宣を引用したことがある。また寛文十一年（一六七一）に、吉川惟足（一六一六―一六九四）から「垂加霊社」という霊社号を受けた。稿本の内題に傍書された和歌「わすれしな高天原に神ましててれくはへぬるなかのをしへを」に従えば、「中訓」の二字は、「なかのおしへ」と訓む。しかも、闇斎がここで殊更に和歌をもってこれを表現することは実に意義深いことである。闇斎には数多くの漢詩が残されているが、和歌を詠むことは少ない。彼が和歌で思想や観念を表現するのは、おそらく吉川惟足から影響を受けたことが考えられる。江戸時代の吉川流神道が平安以来の和歌思想を多分に含んでいることは、すでに錦仁によって指摘されたところである。また、吉川惟足は四代広前藩主・津軽信政（一六四六―一七一〇）に招かれ、『古今和歌集』仮名序などの和歌思想について講義したことがあるという②。氏の研究によれば、吉川流神道には、神と人とをとりもつ仕組みとして和歌が構想されており、和歌は神から人へ受け渡される表現の器である。恐らく闇斎も惟足からこういった和歌思想を受けて、和歌をもって神による「たれくわへぬるなかのおしへ」を表現したのであろう。

　このように、「垂加中訓」というのは、すなわち「神垂以祈祷為

---

①　『垂加中訓』は、未定稿本で、その後の神道大著『中臣祓風水草』に現れる神道論説と異なるものもあるが、闇斎の神道思想の形成過程における一つの重要段階であり、闇斎思想を理解するための重要資料であると思われる。なお、『垂加中訓』と『中臣祓風水草』の比較については、谷省吾前掲論文参照。

②　錦仁「和歌はなぜ〈声〉なのか―『古今和歌集』仮名序から」（阿部泰郎・錦仁編『聖なる声――和歌にひそむ力』三弥井書店、2011）、47頁。

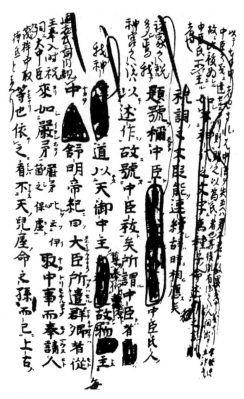

『垂加中訓』谷省吾『垂加神道の成立と展開』(115頁) より

先、冥加以正直為本」という天照大神の託宣によって中の訓えを闡明
するものである。また、闇斎は「中臣祓」の本旨を「なかのおしへ」
（中の訓え）と考えたのである。ここで、闇斎は朱子学の「中」（チュ
ウ）概念を「中」（ナカ）へと展開させたことが容易に考えられよう。
すなわち彼は、朱子学の「チュウ」と神道の「なか」で、儒教と神道
の結合点を発見したのである。「神道学の世界で中臣祓を考へ、天御中
主尊の神徳を考へてゐるとき、この朱子による「中」の理解と同じも
のが、つねに思索の根底にあったに違ひなかった。神道研究における
重要な深化、前進の時期に際会してゐた闇斎が、丁度その時期に『中
和集説』を編したことは、決して偶然ではなかったはずである」とい
う谷省吾の指摘は、まさに首肯されるのである。

　　『中和集説』は、闇斎が「中和」及び「性情」などの概念に関す
る朱子の語三十条を『語類』『文集』から抄出したものである。その

編纂を始めたのは寛文十二年（一六七二）で、すなわち『垂加中訓』
を完成したその次の年である。闇斎は朱子の「中和」説を受け継ぎ、
天命の性は体用・動静を合わせて言うものであり、「未発の中」は天
命の性の「体之静」で、「発して節に中る」は天命の性の「用の動」
であると解し、「中」の道は「天人妙合」の理を体現すると考えた。
彼は「中和集説序」で次のように述べている。

　　　　薛敬軒曰、中庸序、所謂要領天命之性也、一書之理不外レ是、
　　亦可レ謂下知二要領一者上矣、夫天命之性、合二体用動静一而言、未
　　発之中、其体之静也、中レ節之和、其用之動也、斯義至精至密、
　　（中略）夫、天命之性、具二于人心一、故存レ心養レ性、所二以事レ
　　天而存養之要無レ他、敬而已矣、（中略）孟子云、恭敬之心、礼
　　也、天人妙合之理如レ此、位育之功其在二于敬一不二亦宜一乎、周子
　　以レ中為レ礼為レ和、程子論中和必以レ敬為レ言、先生常挙レ此示レ
　　人者、其指（旨）深矣。

　　　　　　　　　　　　　　（『闇斎全集』第二巻、四一〇頁）

　　前述したように、朱子の理解では、「中」には「未発の中」と
「君子時中」という二つの意味が含まれる。前者は、天命の性であり、
道の体であるのに対して、後者は、「恰好の道理」であり、理に基づ
く徳行の実践である。朱子の「中」は、本体論と実践論の両面を兼ね
る概念である。そして、その中にまた修養論の面の「敬内義外」「存
養省察」が含まれる。一方、「中和集説序」に「事レ天而存養之要無レ
他、敬而已矣」、「位育之功其在二于敬一不二亦宜一乎」、「程子論中和必
以レ敬為レ言」とあるように、闇斎が『中和集説』を編纂する主な目的
は「敬」の意義を明らかにすることにある。『中和集説』で、闇斎は
朱子の「中和」に対する論説を抄出したのみで、自分の見解を加えて
いないため、彼自身の「中」に対する考えを窺うことは難しいが、そ
の「序」から見れば、少なくとも闇斎は、「中」の真意を「敬」と捉
えたことが言えるだろう。闇斎のこうした「敬」中心の「中」理解

は、彼の神道思想にも表明されている①。

　こうして、闇斎は儒教と神道の二方面から「中」への関心を示し、中国における『中庸』の「中」（チュウ）は、実に日本にもあって、それはすなわち、『中臣祓』の「中」（ナカ）である。では、『中臣祓』の「中」の具体的な意味は何であろうか。次に闇斎によって展開された「中」（ナカ）の意義付けを見てみよう。

　2. 神道概念としての「中（ナカ）」

　　我倭、封‐天地之神‐、号‐天御中主尊‐、挙レ天以包レ地、御尊辞、中即天地之中、主即主宰之謂、尊至貴之称、凡上下大小之神、皆此尊之所レ化也。

　　　　　（「会津神社志序」『闇斎全集』第一巻、七八頁）

　右は闇斎が寛文十二年（一六七三）に保科正之の依頼によって書いた「会津神社志序」の一文である。ここで闇斎は「天御中主尊」を「天地之神」とする。「天之御中尊」の「御」は尊称で、「中」は「天地の中」、「主」は「主宰」の意味であって、「天御中主尊」は「天地の中」を主宰する本原の神であるという。さて、「天地の中」とはどういうことなのか。『洪範全書』によると、「天地の中」は、すなわち「允執厥中」の「中」である。従って「天御中主尊」の「中」は、「允執厥中」の「中」の日本での体現である。

　「会津風土記序」にはまた次のような一文が述べられている。

　　自レ有‐天地‐則有‐我神国‐、而伊弉諾尊伊弉冊尊継レ神建‐国中柱‐為‐大八洲‐、任‐諸子‐各有‐此境‐（中略）日神以‐皇孫瓊瓊杵尊‐為‐此国之主‐、称曰‐豊葦原中国‐。豊葦原者、葦芽発

────────────

① このことは「敬」（ツツシミ）の体現者「猿田彦神」を「中」の典型的実践者とする闇斎の解釈に明らかに見られる。闇斎は、猿田彦神を「土徳」を身に得て「敬」（ツツシミ、土地之味、土地之務）の心を持つ神とし、この神の指示するところに「日守木」の秘訣があると述べ、この神を「中」の典型的実践者に想定している。具体的な論述は田尻祐一郎前掲書（250—258頁）参照。

生之盛也。中国者、当_天地之中_、日月照_正直之頂_也。

（『闇斎全集』第一巻、七二頁）

　　朱子「中庸章句序」の「蓋上古聖神継天立極、而道統之傳有自来矣」によって、闇斎は神国日本の形成を「伊弉諾尊伊弉冊尊継神建国中柱為大八洲」と言う。豊葦原中国の「豊葦原」を「葦芽の発生の盛」、「中国」を「天地の中に当り、日月正直を照らす頂なり」の意味とする。儒教でいう「道統の伝」、つまり「中」は、日本にこそ存在しており、それはすなわち神国の「国中柱」の「中」であり、皇国の「豊葦原中国」の「中」である。

　　こうして、闇斎は「中」（ナカ）を「天御中主尊」の「中」、「国中柱」の「中」、「豊葦原中国」の「中」、「中臣祓」の「中」とし、「中」の道は日本に遍在すると考えた。さて、神国の日本においてこの「中」は、具体的に如何なる意味を持つだろうか。闇斎神道論の主著の一つとされる『中臣祓風水草』に次のようなことが述べられる。

　　嘉聞レ之、中者天御中主尊之中、此為_君臣之徳_、此祓述_君在レ上治レ下、臣在レ下奉レ上、而不レ号君臣祓者、以其徳称レ君、而表_君臣合体守中之道_、以号_中臣祓_者也。

（『闇斎全集』第五巻、三六四頁）

　　神風和記曰、聖徳太子云、国常立尊為_帝王之元祖_、天御中主尊為_君臣之両祖_。嘉謂、国常立尊天御中主尊同体異名也、然国之所_以立_、則帝王之任也、故為_帝王之元祖_、日本紀、国常立尊為レ首、此義也。中者君臣相守之道也、故為_君臣之両祖_矣。

（『闇斎全集』第五巻、三六四頁）

　　卜部抄曰、トミ者富也、口伝云、君中則臣富之義、故諸臣之臣独中臣之臣、訓レ富也。嘉謂、此説不可信也、中臣ナカツヲミ也、ナカツヲム也、ナカ者中之訓、ツ者語辞、ヲミヲム皆臣之訓、ミム同唇之音、トミトム皆ナカツヲミナカツオム之略語、ツヲ之反卜也。

（『闇斎全集』第五巻、三六四—三六五頁）

　「天御中主尊」の「中」は、「君臣の徳」を表す。「君臣の徳」とは、闇斎によれば、「君上に在って下を治む、臣下に在って上を奉る」という「君臣合体して中を守るの道」である。『中臣祓』の本旨はすなわち、こういった「君臣合体して中を守るの道」である。闇斎は、また「卜部抄」や吉田神道の「口伝」の「臣」（トミ）を「富」とする解釈が間違いであると批判して、「中臣」を「ナカツヲミ」、「ナカツオム」と読むべきとし、「ナカ」は「中」の訓で、「ヲミ」、「ヲム」は「臣」の訓であると訂正した。ちなみに、「中臣」と言って「君臣」と言わないのは、君の「その徳を以て君と称す」ためであるという。しかし、なぜ「君」だけが置き換えられたのかについて、その理由は述べられていない。

　ところで、このような闇斎の「中」解釈は、彼自身独自の創出ではなく、中世神道の伝統の上に立つものである。例えば、忌部正通の『神代巻口訣』に「神道は、中を貴ぶことを以て要と為す。是れ禊の最初なり」と述べられ、吉田兼倶の『日本書紀神代巻抄』にも「神道には中を以て元とす、是故に祓を中臣祓と云も是よりのいわれ也。仏法には中道の法門をもて、仏智の本理とし、儒道には、中庸の道を以て、聖人の至徳とす」と言われている。また兼倶（一四三五一一五一一）もその『中臣祓抄』で「中臣は、祓の名也。仏法云中道、儒道云中庸、神道亦尊中とも、中字の心かわるぞ。中は、あたる也。臣は、我也。祓すれば、我にあたるの心なり」と「中臣祓」の意味を解釈している。このように、神道における「中」の重要性という問題は、従来より扱われているが、吉田兼倶に至って、神道のいう中の意味が仏道の中とも儒道の中とも違い、「あたる」の意味であり、「中臣」の意味が「我にあたる」という意味と捉えるようになったのである。

　こういった「中」解釈の伝統に立って、闇斎は「中」の意味を「君臣合体して中を守るの道」、「君臣相守るの道」と限定した。「中」は、兼倶のいうような意味ではなく、「君臣」の関係で捉えられている。闇斎の「中」解釈の特徴はまさにここにあるのでる。これは恐らく朱子の「君子時中」を『中庸』の中心的意味とするところに影響されるものであろう。朱子の「中庸章句序」に「自是以来、聖聖相傳、

若成湯、文、武之為君、皋陶、伊、傳、周、召之為臣、既皆以此而接
夫道統之傳」と述べられるように、君となる者、臣となる者は皆「允
執厥中」（「君子時中」）を以て堯舜禹から「聖聖相伝」された道統の
伝を受け継ぐのである。すなわち「中」の道は「君」となる者と
「臣」となる者によって体現されている。闇斎は、朱子に従い、日本の
「中」の道を「君臣」関係で捉え、それを「君臣合体して中を守るの
道」、「君臣相守るの道」と理解したのであろう。

　3. 闇斎における「中（チュウ）」と「中（ナカ）」

　以上、闇斎の「中」概念をその朱子学と神道の二方面から考察し
てきた。それを次のようにまとめられる。まず、朱子学の面では、基
本的に朱子の理解を受け継いでいる。「中」の意味を存在論的な「未
発の中」、実践論的な「君子時中」の「中」及び修養論的な「存養省
察」と理解している。これらは、彼の朱子の語を抄出した『中和集
説』に見出される。しかし、「中和集説序」で明らかにされたように、
闇斎にとっては、「中」の存在論、実践論よりは修養論としての「敬」
のほうが重要である。次に、神道の面においては、闇斎は、中世神道
の伝統に立ち、神道における「中」の重要性を認めながら、朱子学か
らの知識と関連して「中」の意味を「君臣」の関係で捉えるようにな
った。神道の「中」にも二つの意味が含まれる。それは、すなわち
「未発の中」に相当する自然の原理としての「天御中主尊（アメノミナカヌシノミコト）」
の「中」と、「中臣祓」によって示される「君子時中」に相当する
「君臣合体守中之道」である。天御中主尊は宗源の神として普遍的な
道理の「中」を体現する。それに対して、『中庸』の中心意味は「君
子時中」にあると同じように、『中臣祓』で示される「中」の中心意
味は「君臣合体守中之道」にある。またこの場合、「敬」（ツツシミ）
が大事に考えられる。

　このように、闇斎にとっての「中」は、朱子学の「チュウ」と神
道の「ナカ」を統合するものであるに違いない。また、この理解は彼
の「神儒妙契」観と一致するものである。

　では、次に闇斎の「神儒妙契」観とその「中」理解について検討

することによって本論をまとめよう。

（三）闇斎の「神儒妙契」観とその「中」理解

「神儒妙契」とはどういう意味なのか。『洪範全書』では次の一文が述べられている。

我倭開国之古、伊弉諾尊伊弉冊尊、奉天神卜合之教、順陰陽之理、正彝倫之始、蓋宇宙唯一理、則神聖之生、雖日出処日没処之異、然其道自有妙契者存焉。

宇宙は唯一の理であるため、神聖の生まれる処が「日出づる処」と「日没する処」の異なりがあるにしても、その道は自ら妙契するという。なお、「妙契」について丸山真男は、「純神道と純儒教（具体的には程朱学）とがあって、内容的に両者は妙契（冥冥の神秘的契合――附会ではなく符合）によって普遍的な理（一つの真理）に合流する」[①]と解釈している。近世において多くの儒学者や神道家は「神儒一致」説や「神儒合一」説を主張しているが、闇斎は「一致」や「合一」などの言葉を使わずに、「妙契」という言葉を使った。彼は、神道と儒教は元々宇宙唯一の理に由来するものであるため、習合附会して考究しなくても、「純神道」と「純儒教」は「妙契」する対応関係にある、と考え、神儒の習合附会説を否定している。このように、闇斎は「論理的な儒教と神秘的な神道とを、深奥において妙契を認めつつ、あくまで独立の思想として、その特色に応じた研究を」[②] 行おうと主張したのである。

一方、「こうして神道と儒教との対応関係とは、表面的には「習合附会」を排し神道を確立する意図があるが、実際は儒教の概念の枠組みが神道思想の形成を支えていたということである。（中略）ただここで確認すべきことは、思想の基本的な構成において神道と儒教とは対応し、この構成を規定するのが儒教（日本朱子学）の概念だとい

---

① 丸山真男「闇斎学と闇斎学派」西順蔵・阿部隆一・丸山真男校注『山崎闇斎学派』岩波書店、1980、625 頁。
② 平重道『近世日本思想史』吉川弘文館、1969、129 頁。

うことである」① と高島元洋が指摘したように、闇斎の「中」概念の
基本的構成は、むしろこういった神儒の対応関係にあるのである。神
道の「中
ナカ
」概念は儒教の概念（闇斎の理解した「チュウ」概念）によ
って規定されるが、神道における「中」の発見は、同時に彼の「神儒
妙契」に確信の証拠を提示した。儒教において「中」が重要な教えで
ある如く、神道にあっても「中」は神より「たれくわへ」た重要な教
えである。

　　このように、「中」によって体現される「理」は、儒教のみにあるの
ではなく、神道にもある。儒教においては「未発の中」、「君子時中」と表
現されるが、神道では「天御中主尊」（神格・神号）、「中臣祓」（儀礼と
そのテクスト）という 二つの位相によって表される。それぞれ表現が異な
るにしても、その根本にある理は一致している。こうして闇斎は「神儒妙
契」観に基づいて「中」概念を「チュウ」から「ナカ」へと展開させ、
「中」概念を日本化、神道化したのである。神道概念としての「中」の発
見は、闇斎に「神儒妙契」を一層確信させたといえよう。

---

① 　高島元洋『日本朱子学と垂加神道・山崎闇斎』、477 頁。

四　山崎闇斎の「神」概念
——神は理か、気か

　「神」とはなにかという問題は、神道論を説く上での解決すべき根本的な問題であり、特に中世後期になって朱子学の移入につれて、神道の理論化ないし合理化を重視する神道諸派（例えば、吉田神道、伊勢神道など）にとって、「神」をいかに論理的かつ合理的に解釈するかは、切実な課題となった。また、朱子学においても「神」や「鬼神」、「魂魄」などの概念が「理」、「気」や「陰陽五行」との関連で論じられるため、「神」は神道と朱子学の共通概念となる。こうして、「神」を如何に理解すべきかは、神儒兼学の闇斎にとって、言うまでもなく重要な問題となるのである。

　本稿では、主に「神」と朱子学の「理気論」との関係において、闇斎の「神」概念を検討する。つまり、朱子学受容の過程において、闇斎は、朱子学の「神」概念をどう理解していたのか、更にそれを一つの神道概念として、彼はどう解釈していたのか、という問題である。

はじめに

　「神」とはなにかという問題は、神道論の根本的な問題であった。特に中世後期、朱子学の影響下、神道の理論化ないし合理化を試みた神道諸派（例えば、吉田神道、伊勢神道など）にとって、「神」をいかに論理的かつ合理的に解釈するかは、切実な課題であった。他方、朱子学においても「神」や「鬼神」、「魂魄」などの概念が「理」、「気」や「陰陽五行」とともに論じられていた。それゆえ、「神」という概念は、神道と朱子学が共通する概念（神に対する理解はそれぞれ異なるかもしれないが、少なくとも言葉としての「神」は共通するのである）であった。神儒兼学の闇斎にとっても、「神」を如何に理解すべきかは、言うまでもなく重要な問題であった。下川玲子が指摘するように、「闇斎において、「神」は、彼の朱子学と神道思想のリンクのいわば留め金に位置する概念と言える」のであった。闇斎の「神」

概念を明らかにすることは、彼の思想を理解するために重要であるにとどまらず、近世日本思想の特質を考える上でも重要な課題である。

闇斎の「神」概念は、朱子学の「神」と神道の「神」という二重構造をもっていると考えられる。それゆえ、まず朱子学における「神」の意味を考察し、次いで闇斎の朱子学的理解、さらに彼の神道的解釈について検討してみる。それによって、闇斎にとっての「神」の意義を明かにしたい。

（一）朱子学の「神」概念

1. 鬼神

朱子学では、「神」についての論説は、基本的にその「鬼神論」のなかで展開された。宋学以前の儒者たちは、「鬼神を敬して之れを遠ざく」という教祖の言葉を信じて、鬼神の問題を論議の外に置いた。それに対して、北宋の道学者たちは、見えない世界に属するこの問題を取り扱い、考察するようになった。そして、それに花を咲かせたのが朱子であったと言える。

朱子の鬼神論に関する先行研究としては、三浦国雄の「朱子鬼神論の輪郭」[1]、銭穆の「朱子論鬼神」[2]、柴田篤の「陰陽の霊としての鬼神」[3] などが挙げられる。

朱子学では「鬼神」が「気」で説明されている。三浦国雄が指摘しているように、「朱子の鬼神論には、自然現象・魂魄・祖霊の祭祀という三つの視点がある」が、それは、「そもそも中国の鬼神論の内に当初から構造的に内蔵せられていたものに外ならない。朱子学の新しさは、…この多義的な鬼神を気という一点に収斂させたところにあった」[4] これこそ朱子学鬼神論の特徴だと言えよう。

では、朱子学において、「鬼神」は具体的にどう理解されている

[1] 三浦国雄「朱子鬼神論の輪郭」『神観念の比較文化論的研究』東北文学部日本文化研究所編、講談社、1981。
[2] 銭穆『朱子新学案』第一冊、三民書局、1971。
[3] 柴田篤「陰陽の霊としての鬼神―朱子鬼神魂魄論への序章―」、『哲学年報』五十、1991、71―79 頁。
[4] 三浦国雄「朱子鬼神論の輪郭」、748―749 頁。

のだろうか。

朱子は「鬼神」に関して、たくさんの言葉を残している。『朱子語類』巻三に「鬼神」としてまとめられている。例えば、次のような言葉がある。

　　　神、伸也。鬼、屈也。如風雨雷電初発時、神也。及至風止雨過、雷住電息、則鬼也。（神は、伸なり。鬼は、屈なり。風雨雷電初めて発する時の如きは神なり。風止み雨過ぎ雷住まり電息むに至るに及びては、則ち鬼なり。）

（『朱子語類』[1] 巻三）

朱子は、鬼神が陰陽二気の固有の運動形式であると考えている。神はものごとが伸長発展する場合をいい、鬼は反対にものごとが屈し消えようとする場合をいう。例えば、風雨雷電が発するときは神であり、これがやむときは鬼である。

　　　鬼神只是気。屈伸往来者、気也。天地間無非気。人之気与天地之気常相接、無間断、人自不見。人心才動、必達於気、便与這屈伸往来者相感通。
　　　（鬼神は、ただ是れ気なり。屈伸往来する者は、気なり。天地の間、気に非ざるもの無し。人の気と天地の気常に相接して、間断することなく、人自ら見られない。）

（『朱子語類』巻三）

鬼神は気である。天地の間のすべての存在は気である。人は自分から見られないが、人の気と天地の気は一貫して共通している。

朱子は、また鬼神と人との関係について、次のように述べている。

　　　鬼神不過陰陽消長而已。亭毒化育、風雨冥晦、皆是。在人則

---

[1]　〈宋〉黎靖徳編、王星賢点校『朱子語類』。

精是魄、魄者鬼之盛也、気是魂、魂者神之盛也。精気聚而為物、
何物而無鬼神！

　　　（鬼神は陰陽の消長にすぎざるのみ。亭毒化育、風雨冥晦、み
　　なこれなり。人に在りて、精はこれ魄なり。魄とは鬼の盛なり。
　　気はこれ魂なり、魂とは神の盛なり。精気聚りて物と為り、何物
　　にして鬼神がないか！）

　　　　　　　　　　　　　　　　　　　　（『朱子語類』巻三）

　　鬼神とは、陰陽の消長の両面であり、こうした変化は気であるか
ら、鬼神は気である。世の中のすべての成熟化育、風雨明暗は、みな
陰陽の消長に外ならない。人の場合で言えば、精は魄で、これが鬼の
盛であり、気は魂で、これが神の盛である。精と気が集まって物とな
るため、鬼神の無いものは存在しないのである。
　　また、

　　　発於心、達於気、天地与吾身共只是一団物事。所謂鬼神者、
　　只是自家気。自家心下思慮纔動、這気即敷於外、自然有所感通。

　　　（心に発して、気に達し、天地とわが身とは一体のもの。いわ
　　ゆる鬼神とは、自分の気にほかならない。自分の心のなかで思慮
　　が動くと、この気が外に拡がって行って、自然と感通するのだ。）

　　　　　　　　　　　　　　　　　　　（『朱子語類』巻九十八）

　　ここで朱子は、天人合一の立場から鬼神を解釈している。鬼神と
は、自分の気に外ならない。人は心を働かせて考えると、この気、す
なわち鬼神が外に拡がっていく。これによって、人は自然に感通する
のだという。つまり、人は鬼神という気を通じて、自然に感通し、天
地と一体になるのである。このように、朱子が「鬼神」を気以外の何
ものでもないと定義した。
　　一方、朱子は程伊川（1033―1107）と張横渠（1020―1077）二氏
の説を受けて、鬼神を「一気」「二気」の観点から次のように説明し
ている。

　　　　程子曰、鬼神、天地之功用、而造化之迹也。張子曰、鬼神者、
　　二気之良能也。愚謂以二気言、則鬼者陰之霊也、神者陽之霊也。
　　以一気言、則至而伸者為神、反而帰者為鬼。其実一物而已。

　　　　（程子曰く、鬼神は天地の功用にして造化の迹なり。張子曰
　　く、鬼神は二気の良能也。愚謂へらく、二気を以て言へば則ち鬼
　　は陰の霊なり、神は陽の霊なり。一気を以て言へば則ち至りて伸
　　ぶるものを神と為し、反りて帰るものを鬼と為すも、その実は一
　　物のみ。）

　　　　　　　　　　　　　　　　　　　　　（『中庸章句』第十六章）

　　これは、『中庸』にある「子曰く、鬼神の徳たる、それ盛んなる
矣乎」という一文に対する解釈である。「鬼神は天地の功用にして造
化の迹なり」とは、程伊川の『程氏易伝』乾卦文言伝にあるもので、
鬼神を自然の軌跡と解釈されている。そして、「鬼神は二気の良能な
り」というのは、張横渠の『正蒙』太和篇に載るもので、鬼神の意味
を天地の陰陽二気の働きとして捉えられている。朱子は、両氏の説を
受けて、一気と二気の観点から鬼神を解釈している。

　　天地の働きを「二気」（陰陽）の観点からいうと、神は陽の働き、
鬼は陰の働きをいう。天地の働きを「一気」としてみると、至りて伸
びる気が神であり、反りて帰る気が鬼だということである。（図1）
因みに、「一気」・「二気」とは、朱子の「気」概念であるが、安田
二郎はそれについて次のように説明している。朱子学では、天地をは
じめとして万物の生成は一気を以て説明の原理とするが、しかし変化
極まりない現象を説明するのに、単に一気の運行を以てするのみでは
難しい。そのため、朱子は陰陽五行の概念を用いて、世界の構成を説
明した。彼によると、一気が陰陽（二気）に分かれ、さらに五行に分
かれ、そして万物が生じる。

　　「一気」と「二気」は、したがって、異なる次元の存在ではなく、
「一気」の動静から陰陽の「二気」が生じる。「一気」が陰陽の連続の
面に即して言うものであり、「二気」が陰陽の非連続的な面に即して

　　　　神—伸—来—陽の霊—魂
　　　　鬼—屈—往—陰の霊—魄

図1　朱子による鬼神の定義

いうものである。換言すれば、現実に存在するものは陰陽の「二気」
であり、「一気」は両者の間に共通するものとして、単に観念的に想
定されるところのものであろう。① 朱子の「体」「用」論に即して言え
ば、二気は陰陽の非連続的としての「体」（実体）、一気は連続的とし
ての「用」（作用）に対応する。

　朱子学における鬼神の意味は、気そのもの（「造化の迹」）と気の
作用から成り立つ「二気の良能」であり、「二気の良能」によって生
ずる「往来屈伸は理の自然」だという。二気の運動は理に支えられる
のである。

　2. 神

　一方、「鬼神」に対して、朱子は単独で「神」という場合もある。
彼は「鬼神」と「神」を区別して、次のようにいう。

　　　　鬼神者、造化之迹也。神、伸也。鬼、帰也。言鬼神、自有迹
　　者而言之。言神、只言其妙而不可測識。
　　　　（鬼神は造化の迹なり。神は伸なり、鬼は帰なり。鬼神と言う
　　は、迹有る者自りしてこれを言う。神と言うは、ただその妙にし
　　て測識すべからざるを言う。）

　　　　　　　　　　　　　　　　　　　　（『朱子語類』巻六十三）

　ここでは鬼神の意味と区別して神を解釈している。造化の迹を表
現する場合には鬼神というのに対して、その迹を生みだす働きの「妙
にして測識すべからざる」ところを、「神」という。

　また、朱子は門人の「功用をもってこれを鬼神と謂い、妙用をもって
これを神と謂う」についての質問に答えて、次のように説明している。

---

①　安田二郎「朱子の『気』について」『中国近世思想史研究』筑摩書店、1976。

問、「以功用謂之鬼神、以妙用謂之神」。曰、「鬼神只是往来屈伸、功用只是論発見者。所謂「神也者、妙万物而為言」、妙処即是神。其発見而見於功用者謂之鬼神、至於不測者即謂之神。如「鬼神者、造化之迹」、「鬼神者、二気之良能」、二説皆妙。

（問う。「功用を以てこれを鬼神と謂い、妙用を以てこれを神と謂う」。曰く、「鬼神はただこれ往来屈伸、功用はただこれ発見を論ずるものなり」。いわゆる「神なるものは、万物を妙にして言と為す」、妙なる処は即ちこれ神なり。その発見して功用に見られるものはこれを鬼神と謂う。その測らざるに至っては即ちこれを神と謂う。「鬼神は造化の迹なり」「鬼神は二気の良能なり」の如く、二説はみな妙なり。）

（『語類』巻六十八）

鬼神は、ただ往来屈伸のみである。そして、その往来屈伸によって「功用」（働き）を果たす。世の中のすべての物事の顕われは、この「功用」によるのである。鬼神というのは、つまりこの「功用」（働き）及び「発見」（物事の顕われ）の面をいうものである。だが、一方、この「功用」は、神妙不思議なものである。『易』説卦の『神なるものは、万物を妙にして言をなす』というのは、すなわちこの功用の神妙な、測れざるところをいうものである。

鬼神が「造化の迹」、「二気の良能」であるのに対して、神は鬼神の測れない神妙不思議なところをいう。したがって、朱子は「杜仁仲に答ふ」の中で、神をまったく気と見なすのも間違いだ、と述べている。

神是理之発用而乗気以出入者也。故易曰、神也者妙万物而為言者也。但恐却将神字全作気看則又誤耳。

（神は是理の発用にして気に乗りて以て出入りする者なり。故に易に曰く、「神なる者は、万物を妙にして言を為すものなり」と。但し恐らくは却って神の字を将て全く気と作して看るは則ちまた誤るのみ。）

（『朱子文集』）

　神とは、理の発用で、気に乗って出入りするものであり、現象として の万物を生みだす神妙不思議なものである。それが『易』の「神なる者は、万物を妙にして言を為すものなり」という意味である。したがって、「神」を完全に「気」と理解するのが誤りである。

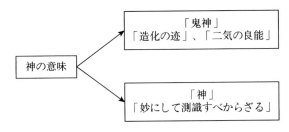

図2　朱子学における「神」の二重意味

　以上見てきたように、朱子学では、「理」は「神」に内在して、「神」の存在と運動に原動力を提供するする。現象する「神」自体は「気」であり、そこに「理」が備わるが、「神」は「理」そのものではない。

（二）山崎闇斎の「神」理解──神と理気論

　では、以上のような朱子学の「神」概念を、闇斎はいかに理解し、かつ受容したのか。次では、この問題について検討する。

　闇斎の「神」概念、とくに神を理として捉えるべきか、気として捉えるべきかをめぐって、詳しく論じた研究者には、高島元洋と下川玲子が挙げられる。

　高島は、『山崎闇斎＊日本朱子学と垂加神道』において、日本朱子学と本来の朱子学という「異質な二つの思想の本質的な構造の違い」[1] を明らかにしようとして、闇斎の思想を朱子学と対比させながら詳細に論じた。その中で、闇斎の「理」と朱子学の「理」の違いをそれぞれの「神」概念に対する理解の違いから分析した。

　高島によれば、朱子学においては、「理」は実体のない形而上的なものであり、「気」は実体を伴った形而下的な存在である。そして、

---

①　高島元洋『山崎闇斎＊日本朱子学と垂加神道』、17頁。

神は「気」と規定され実体の意味で理解される場合と、実体ではなく神妙な作用の形容として理解される場合があり、また後者の場合、さらに「気」に近いと考えられるものと、ほとんど「理」とされるものがある。これに対して、闇斎においては、「理」も「気」も物質であり、そして、「神」は「理」でありかつ実体である。このように、「理」を「神」であると規定するとき、朱子学の場合、この「神」は実体でありえないが、闇斎の場合、この「神」は実体であると高島は述べている。

　　高島は、「神」に対する朱子学の理解と闇斎の理解を通して、闇斎における「理」の意味の変容を分析し、「理」解釈に対する日本朱子学と本来の朱子学の異質性を説明した。これについて、彼は次のように述べている。

　　　　朱子において、気は物質であるが理は物質ではない。したがって働きのあるのは気であって理ではない。理は観念・意味であり、規範である。ところが、闇斎においては、理も気も物質である。そして理は働きをもつ実体であるが、気は『水』に喩えられるように理の働きを実現させるだけの物質であって特別の働きをもたない。働き・作用の根源は理にある。理自体がおのずからなる働きをもつ。そしてこれが「神」と呼ばれるところの実体でもある。①

　　しかし、下川玲子が反論したように、闇斎はやはり神を気として捉え、そして理を実体ではなく形而上の存在・規範・理論と捉える、という朱子学のオーソドックスな考えを踏襲していると考えられる。②この点は、『文会筆録』の随所に「鬼神」「魂魄」「精気」などの「気」に属する範疇の通常の朱子学的用語が引用されているところによって示されている。従って、闇斎が「理」を「神」としてそれを実体と捉えていたという高島の解釈には少し無理があろう。

---

① 　高島元洋『山崎闇斎＊日本朱子学と垂加神道』、88 頁。
② 　下川玲子「山崎闇斎の「神」概念」『愛知学院大学文学部紀要』三十五、392 頁。

　高島の解釈に対して、下川は、闇斎がやはり　神を気と考え、それを実体と見なしていると反論して、その例証として、『文会筆録』に見える『朱子文集』からの闇斎の引用箇所を挙げたあと、次のように結論した。「このように見ると闇斎は、高島が指摘するような「理」＝「神」＝実体という理解をしていたのではない。闇斎の「理」の解釈が朱子学のものと異なっているのではなく、「理気」の解釈においては、「理」は理論・規範、「気」は実体というように、通常の朱子学の理解を踏襲していた。しかし、闇斎の「神」の概念こそ朱子のものと異なっていたと言うべきであろう。すなわち、朱子は、単に、「神」や「鬼神」を「気」と考えた。それに対して闇斎は、「神」を「気」に「理」が付随したこの現実世界そのものの姿と解釈した」。①

　このように、闇斎の「神」概念について、「神」＝「理」＝実体という高島の解釈と、「神」＝「気」＝実体という下川氏の解釈があるわけである。また、高島氏は、「神」を「理」と関連させる時、闇斎における「理」の意味が朱子学本来のそれと異なり、闇斎の「理」は実体化されている、と言っている。それに対して、下川は、闇斎の「理」は朱子学本来のそれと一致しているが、「神」の意味理解においては異なっている、と述べている。では、なぜ以上のような異なる解釈が出てきたのか、また「神」と「理」「気」との関連で、闇斎は一体どう理解しているのか、次に、以上の二研究を踏まえながら再検討してみたい。

　朱子において、「理」は形而上の存在であり、「気」は実体を伴った物質的なものであり、そして、「神」は「気」であると同時に、「理」によって支えられる霊妙な働きでもある、ということは、既に前述した。ところが、そのような、朱子学の「神」概念とは異なり、闇斎においては、「神」は「気」ではなく、「理」であり、しかもそれが実体を伴ったものである、と高島は述べている。その根拠として高島氏が挙げたのは、『文会筆録』に引用される、「理」を「神」と解釈する数箇所の記述のみであった。高島氏が挙げたその数箇所の記述は次

　①　下川玲子「山崎闇斎の「神」概念」『愛知学院大学文学部紀要』三十五、389頁。

のようなものである。①

　　㋐語類に問ふ、「動きて静かなること無く、静かにして動く
こと無きは物なり。静かにして静かなることなく、動きて動くこ
と無きは神なり」と。いはゆる物とは、知らず人もその中に在り
や否やと。曰く、人も其の中に在りと。曰く、いはゆる神とは、
是れ天地の造化なりや否やと。曰く、神は即ち此の理なりと。

　　　　　　　　　　　（『文会筆録』『全集』巻一、四一三頁）

　　㋑語類一に曰く、気の精英なる者を神と為す。金木水火土は
神に非ず。金木水火土為る所以の者は是れ神なり。人に在りては
則ち理と為す。仁義礼智信為る所以の者は是れなりと。

　　　　　　　　　　　（『文会筆録』『全集』巻一、二八四頁）

　　㋒杜仁仲、五行の神を問ふ。曰く、神は即ち是れ理と謂ふは
却って恐らくは未だ然らず。更に宜しくこれを思ふべしと。又曰
く、神はこれ理の発用にして気に乗りて以て出入りする者なり。
故に易に曰く、「神なるものは、万物に妙にして言を為すものな
り」と。来喩は大概これを得。但し恐らくは却って神の字を将て
全く気と作して看るは則ち又誤るのみ。

　　　　　　　　　　　（『文会筆録』『全集』巻一、一六七頁）

　　高島氏は、以上の各条の意味を説明しながら、神を理と捉えると
いう朱子の考えを指摘しているが、しかし、ここで朱子は果たして神
を理と考えたのだろうか。

　　例えば、㋐の「神は即ち此の理なり」という時の「理」は、そも
そも理気論でいう場合の「理」ではなく、道理或いは意味であろう。
即ちこの語は、「神とは、是れ天地の造化や否や」という質問に答え、
「はい、そのとおり、神は即ち天地の造化である」という意味で言った
と考えられる。

---

①　高島元洋『山崎闇斎＊日本朱子学と垂加神道』、65—66頁。

　また、⑦の場合、高島氏は、「人に在りては則ち理と為す」という所によって、朱子がここで「神」を「理」と捉えた、と解釈している。しかし最初にある「気の精英なる者を神と為す」というように、「神」は「気の精英なる者」であり、また「気の精英なる者」は「理」ではなく、あくまでも「気」である。その「妙にして測識すべからざる」ところを以て「精英」というのであろう。

　そして、⑰において示されるように、「神」は明らかに「理」ではない。ただ、「神は理の発用にして気に出入りする者」という意味で、「神」を全く「気」と見なすのも誤りである。つまり、「神」は「理」ではなく、「理の発用にして気に出入りする者」である。

　以上のように、再説すれば、朱子は、「神」を「気」及び「気」による働き・作用と考えている。また、そこに「理」が存在し「気」の働き・作用を支えているのである。「神」に「理」が存在しているが、「神」自体は「理」ではなく、「気」なのである。

　しかし、高島氏によれば、朱子が、このように「神」を「理」と関連づけて説く場合、「神」を実体ではない「神妙な作用の形容」として捉えるため、このような記述は特殊であるが、朱子学の体系では矛盾する解釈ではないのである。ところが、これに対して、闇斎の場合、「神」は実体であるとする。そして、闇斎が「神」を「理」と関連づけて論ずる場合においても、朱子のようにそれを「実体ではなく神妙な作用の形容」とするのではなく、やはり実体として考えていたという。闇斎が「神」を「気」と同じような実体と考えていた根拠として、高島氏は次のような一文を挙げる。

　　　㊀杜仁仲五行の神を問ふに答ふる書に、云々。按ずるに、邵子の曰く、気は一のみ。これを主る者は乾なり。神も亦一のみ。気に乗りて変化し、能く有無死生の間に出入し、方無くして測られざる者なりと。

　　　　　　　　　　（『文会筆録』『全集』巻二、一一一頁）

　この一文は⑰の「杜仁仲に答ふ」の文を承けるものであるが、高

　島氏がここで注目したのは、「按ずるに」という闇斎が引用した邵子の「気一のみ」と「神も亦一のみ」というところである。それについて高島は次のように解釈している。「つまり、「気一而已」といい、次に「神亦一而已」とあり、この「気」と「神」との関係をさらに「神」は「乗気而変化（以下略）」と述べるわけで、「気」というものと「神」というものを別々の実在として扱い両者の関わりを論じている。…文章の調子からすると、むしろ「気」と並んで「気」と同じような実体と考えられているのではないか」。[①]

　　しかし、高島の解釈をそのまま受け止めることは難しいと思われる。まず、恐らく邵子の「気は一のみ」の意味は、高島が言うように「『気』は実体であるから『一』である」のではなく、むしろ、前述した朱子の「気」概念の「一気」であると解釈したほうが妥当であろう。また、「神も亦一のみ」の場合、「神」は「気」と同じような実体ではなく、「理の発用」として「気に乗りて変化」する「測られざるもの」である。故に、この場合の「一」の意味は、やはり「神妙な作用」が一貫していると理解したほうが適切であろう。

　　このように、闇斎はやはり朱子の「神」概念をそのまま踏襲していると考えられる。言い換えれば、「神」を「理」と関連づけていう場合、「理」が「神」に内在して、「気」の働きに原理と秩序を与えるが、「神」自体は「理」ではなく、あくまで「気」なのである。

　　なお、「鬼神」「魂魄」「精気」などの「神」を「気」と考えるという通常の朱子学的記述が、『文会筆録』の随所に引用されていることは、既に下川が指摘しているところである。[②] その例証として氏が挙げたのは、次の箇所である。

　　　　又問ふ、かつ鬼神魂魄一身に就て総じてこれを言へば、陰陽の二気にほかならざるのみ、然るにすでにこれを鬼神と謂ひ、またこれを魂魄と謂ふは何ぞや。琢ひそかに謂へば、其の屈伸往来

---

①　高島元洋『山崎闇斎＊日本朱子学と垂加神道』、83 頁。

②　下川玲子「山崎闇斎の『神』概念」『愛知学院大学文学部紀要』三十五、391 頁。

を以て言ふが故にこれを鬼神と謂ふ。其の霊には知あり覚あるを以て言ふが故に、これを魂魄と謂ふ。或いは乃ち屈伸往来以て鬼神を言ふに足らざると謂ふ。蓋し合せてこれを言へば則ち一気の往来屈伸するものこれなり。分ちて之を言へば則ち神は陽の霊、鬼は陰の霊なり。その合せて言ふべき分ちて言ふべきを以て故にこれを鬼神と謂ひ、その分ちて言ふべき言ふべからざるを以て魂魄と謂ふ。

　　　　　　（『文会筆録』『全集』巻一、二九八頁）

　　易に曰く、精気物を為し、遊魂変を為す。朱子の曰く、精は魄なり。耳目の精を魄と為す。気は魂なり。口鼻の嘘吸を魂と為す。二の者合て物を成す。精虚しく魄降れば則ち気散り魂遊でゆかざること無し。

　　　　　　（『文会筆録』『全集』巻二、七八頁）

　このような引用はほかにもたくさんある。紙幅に限りがあるためここでは一々例示しないが、以上の引用に見られるように、闇斎は基本的に朱子の「神は気である」という考えを受けいれている。「神」は基本的に「気」そのものであると同時に、「気」による「測識すべからざる」霊妙な働きでもある。そして、そこにまた「理」というものが存在して、「気」の働き・作用に原理や秩序を与える。つまり、闇斎においても「神」は「理」と「気」を重ね合わせた概念であって、「神」には「理」が内在しているが、「神」自体は「理」ではなく、「気」なのである。

　ただし、闇斎は「神」について語るとき、また朱子とは別の心境で語っていたと考えられる。恐らく、闇斎は、常に日本の神々を頭に入れながら、朱子の「神」解釈を理解していた。そして、それを以て日本の神々について説こうと考えていたのであろう。

　更に、日本の神々を闇斎はどう解釈しているかという問題について、検討してみたい。

（三）神道概念としての「神」

　山崎闇斎が寛文十二年（一六七二）五十五歳の時に著した「会津

神社志序」において、「神」について次のように述べている。

　　　そもそも天下の万神は天御中主尊の化する所にして、しかも
　　正神有り邪神有るは何ぞや。蓋し天地の間唯理と気のみにして、
　　神なる者は理の気に乗りて出入する者なり。この故に其の気正し
　　ければ則ちその神正し。その気邪なれば則ちその神邪なり。
　　　　　　　　　　　　　　　　　（『闇斎全集』巻一、七九頁）

　　天下万神はみな天御中主尊の化する所であるから、邪神があるわ
けはないが、実際のところ、正神もあれば邪神もある。それはなぜか
という疑問に対して、闇斎はここで、天地の間はただ理と気のみであ
って、神というものは、理が気に乗って出入りするものであるため、
気が正であればそれを受ける神も正であり、気が邪であればそれを受
ける神も邪になる、と朱子学の理気論をもって、神に正と邪があるこ
との理由を説明している。存在の本原としての「理」が「天御中主
神」から「万神」まで一貫して存在しているが、「気」に正と邪があ
るため、神に正と邪が出てくるわけである。つまり、「神」の正・邪
は「気」によって規定されるのである。
　　高島は、「神なる者は理の気に乗りて出入する者」という一文に
特に注意を払って、これを根拠に、「神」＝「理」＝実体と捉えてい
る。彼は、闇斎の「神」理解について次のように述べている。「まず
この「神」は「天御中主尊」という実体であり、それはまた「理」と
も言われ、この「神」「理」が「気」に乗って出入するということに
なる。つまり、闇斎において『理』とは、実体としての神である」。[1]
しかし、ここで闇斎は、「神」を「理」と言っているのではなく、「理
が気に乗りて出入りする者」と言っているのである。闇斎のこの解釈
は、朱子学の「神」解釈に従うものであると考えられる。朱子学にお
ける「神」の定義には、理気の統合体としての「神」が説かれていた
ことは、既に前述したとおりである。恐らく闇斎は、朱子学的「神」

---

[1]　高島元洋『山崎闇斎＊日本朱子学と垂加神道』、89 頁。

理解を継承しつつ、それを日本の神道の中の「神」理解に適用しよう
としたのであろう。このように、「天御中主尊」は理気の妙合体であ
り、単純に「理」だけでもなく、「気」だけでもないのである。

　明暦元（一六六五）年に書かれた「伊勢太神宮儀式序」には、ま
た次のように述べられている。

　　　　原ぬるに、夫れ神の神為る、初より此の名此の字有らざるな
　　り。其れ惟妙にして測られざる者、陰陽五行の主と為りて、万物
　　万化此に由りて出でざること莫し。是れ故に、自然に人声に発し
　　て、然る後此の名此の字有るなり。日本紀に国常立尊と謂ふ所は、
　　乃ち尊奉して之れを号するなり。国狭槌尊は水神の号なり。豊斟
　　渟尊は火神の号なり。泥土煮尊・沙土煮尊は木神の号なり。大戸
　　之道尊・大苫邊尊は金神の号なり。面足尊・惶根尊は土神の号な
　　り。蓋し神は一にして化に随って之れを称するなり。然るに水火
　　の神各一尊号を奉するは、陰陽を分つ所以なり。木金土神各二尊
　　号を奉するは、陽中の陰、陰有の陽を析する所以なり。一にして
　　二、二にして五、五にして萬、萬にして一、無方の体無窮の用、
　　亦妙にならずや。

　　　　　　　　　　　　　　　（『闇斎全集』巻一、六八頁）

　闇斎は日本の神々を陰陽五行に配して解釈している。「其れ惟妙に
して測られざる者」とは、『易経』の「陰陽測られざる、これを神と
謂ふ」や「神なる者は万物妙にして言と為す者なり」などによる表現
である。すでに前述したように、朱子学においては、「神」に二つの
意味が含まれており、それは即ち、「造化の迹」としての「気」その
ものと、「二気の良能」や「陰陽測られざる者」と表現される「気」
の働きである。ここでは、闇斎も朱子学的解釈をそのまま受け継いで、
「神」を「妙にして測られざる者」、つまり「霊妙」なる働きとして捉
えている。「神」には本来その名もその字もない存在であるが、それ
は「自然に人声に発して」「此の名・此の字」になったのであり、日
本紀の「国常立」という名は、つまりそれである。闇斎によれば、

「国常立尊」は「天御中主尊」の別名であり、本原の神である。国狭槌尊、豊斟渟尊、埿土煮尊・沙土煮尊、大戸之道尊・大苫邊尊、面足尊・惶根尊は、それぞれ水、火、木、金、土という五行の神である。これらの五行の神は、すべて「国常立尊」が「化」に従って称するものである。

　このように、「神」は、本原の「一」であるが、それが陰陽の「二」に分れたことを、水と火の神が象徴し、更にその陰陽の「二」の組み合わせ（「陽中陰、陰中陽」）によって五行が成り立つことを、それぞれ二つの対偶神の名を持つ木・金・土の神が象徴している。万物万化は、「一」から「二」へ、「二」から「五」へ、「五」から「万」へという展開で、成り立つ。また、万物に本原の「一」が宿っている故、この意味で、「万にして一」というのである。「一にして二、二にして五、五にして万、万にして実は一」というのは、まさに「神」の霊妙なるところなのである。

　ちなみに、以上に見える神名は、『日本書紀』神代巻に記される神々の系譜であるが、垂加神道ではこの神々を「天神七代」と表現し、そしてこれに続く神代巻の神々を「地神五代」とまとめている。すなわち、（一）国常立尊（くにのとこたちのみこと）、（二）国狭槌尊（くにのさつちのみこと）、（三）豊斟渟尊（とよぐもぬの）、（四）埿土煮尊（ういじに）・沙土煮尊（すいじに）、（五）大戸之道尊（おおとのじ）・大苫辺尊（おおとまべ）、（六）面足尊（おもたる）・惶根尊（かしこね）、（七）伊弉諾尊（いざなぎ）・伊弉冉尊（いざなみ）が、「天神七代」であり、「地神五代」とは、（一）天照大神（あまてらすおおかみ）、（二）天忍穂耳尊（あめのおしほみみ）、（三）瓊瓊杵尊（ににぎ）、（四）彦火火出見尊（ひこほほでみ）、（五）鸕鷀草葺不合尊（うがやふきあえず）である。「天神七代」、「地神五代」の考え方は、十三世紀の伊勢神道から生まれたものであると言われている。① この「天神七代」について、『垂加社語』にはまた次のような一節がある。

　天神第一代は天地一気の神。二代より六代に至りて、此れ水・火・木・金・土の神第七代は、則ち陰陽の神なり。

---

① 高島元洋『山崎闇斎＊日本朱子学と垂加神道』、493 頁。

　「天神七代」のうち、（一）国常立尊から（六）面足尊・惶根尊までではそれぞれ朱子学概念の「一気」及び「五行」の水・火・木・金・土に対応している。これは右において既に述べたところである。第七代の伊弉諾尊・伊弉冉尊は、垂加神道では陰陽の神とされている。

　このように、闇斎は、朱子学の「一気」、「五行」、「陰陽」を「天神七代」に配当して解釈しているわけであるが、これは、「陰陽」「五行」の生成の順序が逆になっているのではなく、「五行の神」のうちに「陰陽」がすでに込められているのである。そして、第七代の神を「陰陽の神」とするのは、『太極図説』の「乾道は男と成り、坤道は女と成る」というのに相当する、と考えられる。[①]（天神七代と陰陽五行との対応を図3に参照）

国常立尊（一代）	天地一気の神	陰陽未分化
国狭槌尊（二代）	水	陰盛（陰陽之分）
豊斟渟尊（三代）	火	陽盛（陰陽之分）
泥土煮・沙土煮尊（四代）	木	陰中之陽（陰陽之合）
大戸之道・大苫辺尊（五代）	金	陽中之陰（陰陽之合）
面足・惶根尊（六代）	土	土沖気（陰陽之合）
伊弉諾・伊弉冉尊（七代）	陰陽	陰陽分離

図3　天神七代と陰陽五行との対応図

　朱子学では、宇宙の構成や万物の生成を、一気から陰陽の二気、二気から五行、五行から万物という図式で説明するが、この宇宙を宇宙たらしめ、その万物を万物たらしめる原動的力は「理」なる語で表現されている。即ち、その「理」と「気」の統合によってはじめて、事物が成立するのである。これは、朱子学の存在論における普遍的原理と言える。「天下には、理を離れた気だけの存在もなければ、気を離れた理だけの存在もない（天下未有無理之気、亦未有無気之理）」とあるように、万物を造化する働きは陰陽五行であるが、「理」があって

---

① 高島元洋『山崎闇斎＊日本朱子学と垂加神道』、497頁。

こそ「気」の働きがある。すでに第二章において述べたように、闇斎は朱子学の「理気妙合」を特に強調して、世界の構成原理を「理」と「気」との「妙合」に求めたのである。「神なる者は理の気に乗りて出入りするもの」というように、闇斎の「神」解釈にもこういった「理気妙合」が体現されている。本原の神としての「天御中主尊」から八万神まで、日本の神々はみな理と気の統合体である。この点からすれば、闇斎の「神」に対する神道的理解は朱子学のそれと対応している。ところで、「理」と「気」の二元論は、朱子学存在論の基本的性格である。朱子学では、宇宙の構成や万物の生成はすべて「理気」によって説明されるのに対して、垂加神道では、理気の統合体としての「神」をもって説明されている。換言すれば、朱子学の「神」に比べて、神道概念としての「神」はより一層ダイナミックな意味が込められているのである。

まとめ

以上、「神」概念をめぐる闇斎の朱子学的理解と神道的解釈を述べてきた。まず、朱子学側面では、闇斎は「神」を「気」及び「気」の「妙にして測られざる」「霊妙な働き」という二重意味で捉えながら、更に「理」の概念を導入して、「理」がそなわる「気」そのものこそが「神」である、と理解している。このように、彼は朱子の「神」＝「気」という原則を貫徹させ、「理」と「気」の統合体としての「神」概念を受容したのである。しかし、闇斎の「神」に対する思索は、単に朱子学的理解にとどまらず、この朱子の説くところの理論をもって、日本の「神」を理解するための理論の依拠たらしめようとするものであったことを、否定しがたい。闇斎は、「神」が「理」と「気」の兼ね合わせであるという点に注目し、超越的、恒久的な秩序としての「理」と実体的存在としての「気」を、「神」に仕立てあげることによって、「神」に本原的な存在としての定位を与えた。

周知のように、朱子学では、錯綜するこの世界を「気」（存在）と「理」（存在の秩序）という二つの原理に収斂することによって、世界の構成や万物の形成を合理的に説明することができたが、その際、

鬼神の世界をもその体系のなかに取り込み、この見えざる存在を定位
しようとした。これに対して、闇斎は、錯綜するこの世界を「神」に
収斂しながら、世界の構成や万物の形成をすべて「神」を以て説明し
ようとした。そしてその際、彼は、「理」と「気」を「神」の体系の
なかに取り込むことによって、日本における「神」体系の独自な合理
化を遂げたのである。

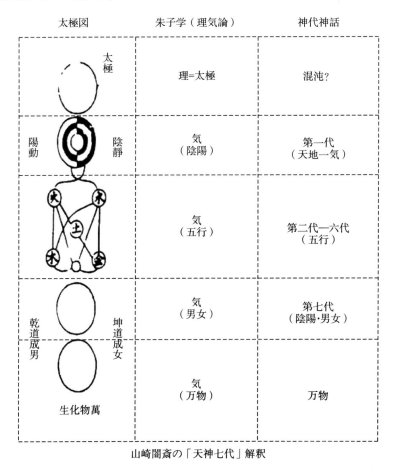

山崎闇斎の「天神七代」解釈

図4　天神七代と陰陽五行の対応図

参考文献

一　史料

黎靖德编，王星贤点校《朱子语类》，中华书局，1986。

谭松林、尹红整理《周敦颐集》，岳麓书社，2002。

朱杰人、严佐之、刘永翔主编《朱子全书》，上海古籍出版社、安徽教
　　育出版社，2002。

朱熹：《四书章句集注》，中华书局，1983。

京都史蹟会編纂『林羅山文集』ぺりかん社、1979。

石田一良・金谷治校注『日本思想史大系　28　藤原惺窩・林羅山』岩
　　波書店、1975。

林羅山『本朝神社考』改造社、1942。

林羅山『神道伝授』『神道叢説』国書刊行会、1911。

西順蔵等校注『日本思想大系　山崎闇斎学派』岩波書店、1980。

日本古典学会編『山崎闇斎全集』ぺりかん社、1978。

貝原益軒『慎思録』『大疑録』井上哲次郎編『日本倫理彙編　巻之八』
　　育成会、1903。

貝原益軒『大和本草』国立国会図書館デジタルコレクション、http：//
　　dl. ndl. go. jp/info：ndljp/pid/2557363。

岡田武彦『安東省庵・貝原益軒』明徳出版社、1985。

益軒会編纂『益軒全集　巻三』益軒全集刊行部、1911。

塚本哲三編『山鹿素行文集』有朋堂書店、1926。

広瀬豊編『山鹿素行全集』岩波書店、1942。

井上哲次郎・蟹江義丸共編『日本倫理彙編　巻之四』育成会、1903。

『日本思想大系　19　中世神道論』岩波書店、1986。

平重道・安部秋生『日本思想大系　39　近世神道論・前期国学』岩波

書店、1972。

阪本太郎等校注『日本古典文学大系　67　日本書紀』岩波書店、1993。

二　著作

卞崇道：《融合与共生——东亚视域中的日本哲学》，人民出版社，2008。

蔡振丰编《东亚朱子学的诠释与发展》，华东师范大学出版社，2011。

陈景彦、王玉强：《江户时代日本对中国儒学的吸收与改造》，社会科学文献出版社，2014。

陈来：《朱子哲学研究》，三联书店，2010。

陈玮芬：《近代日本汉学的"关键词"研究：儒学及相关概念的嬗变》，华东师范大学出版社，2008。

葛荣晋主编《中日实学史研究》，中国社会科学出版社，1992。

〔日〕沟口雄三：《中国思想史：宋代至近代》，龚颖、赵士林等译，三联书店，2014。

〔日〕今井淳、小泽富夫：《日本思想论争史》，王新生译，北京大学出版社，2014。

李光来：《东亚近代知形论》，辽宁大学出版社，2010。

林维杰：《朱熹与经典诠释》，华东师范大学出版社，2012。

刘岳兵：《日本近代儒学研究》，商务印书馆，2003。

刘岳兵：《中日近现代思想与儒学》，三联书店，2007。

王家骅：《儒家思想与日本文化》，浙江人民出版社，1990。

王家骅：《儒家思想与日本现代化》，浙江人民出版社，1995。

王守华、卞崇道主编《东方著名哲学家评传·日本卷》，山东人民出版社，2000。

王玉强：《近世日本朱子学的确立》，社会科学文献出版社，2017。

王中田：《江户时代与日本儒学》，中国社会科学出版社，1994。

吴光辉编《哲学视域下的东亚——现代日本哲学思想研究》，厦门大学出版社，2018。

吴伟明：《德川日本的中国想象》，清华大学出版社，2015。

吴震：《东亚儒学问题新探》，北京大学出版社，2018。

〔日〕苅部直等编《日本思想史入门》，郭连友等译，外语教学与研究出

版社，2013。

乐爱国：《朱子格物致知论研究》，岳麓书社，2010。

张崑将：《德川日本“忠”“孝”概念的形成与发展——以兵学与阳明学为中心》，华东师范大学出版社，2008。

朱谦之：《日本的古学及阳明学》，人民出版社，2000。

朱谦之：《日本的朱子学》，人民出版社，2000。

井上哲次郎『日本朱子学派之哲学』富山房、1905。

井上哲次郎『東洋文化と支那の将来』理想社、1935。

塚本哲三編『先哲叢談』有朋堂書店、1920。

堀勇雄『山鹿素行』吉川弘文館、1959。

尾藤正英『日本封建思想史研究』青木書店、1961。

尾藤正英『江戸時代とはなにか』岩波書店、1992。

永田広志『日本哲学思想史』法政大学出版局、1967。

丸山真男『日本政治思想史研究』東京大学出版会、1968。

平重道『近世日本思想史』吉川弘文館、1969。

相良亨『近世日本における儒教運動の系譜』理想社、1975。

衣笠安喜『近世儒学思想史の研究』法政大学出版局、1976。

渡辺和靖『明治思想史——儒教的伝統と近代認識論』ぺりかん社、1978。

岡田武彦『江戸期の儒学——朱王学の日本的展開』木耳社、1982。

岡田武彦『日本の思想家　⑥　山崎闇斎』明徳出版社、1985。

近藤啓吾『山崎闇斎の研究』神道史学会、1986。

近藤啓吾『続々山崎闇斎の研究』神道史学会、1995。

和島芳男『日本宋学史の研究　増補版』吉川弘文館、1988。

衣笠安喜『近世日本の儒教と文化』思文閣出版、1990。

近藤啓吾『続山崎闇斎の研究』神道史学会、1991。

高島元洋『日本朱子学と垂加神道・山崎闇斎』ぺりかん社、1992。

橋川文三『昭和維新試論』朝日新聞社、1993。

黒住真『儒学と近世日本社会』『岩波講座日本通史』（13）、1994。

黒住真『近世日本社会と儒教』ぺりかん社、2003。

前田勉『近世日本の儒学と兵学』ぺりかん社、1996。

早川雅子『宋学の日本的展開の諸相』東洋書院、1997。

ヘルマン・オームス『徳川イデオロギー』黒住真ほか訳、ぺりかん
　　社、1997。

桂島宣弘『思想史の十九世紀：「他者」としての徳川日本』ぺりかん
　　社、1999。

桂島宣弘『自他認識の思想史——日本ナショナリズムの生成と東アジ
　　ア』有志舎、2008。

谷省吾『垂加神道の成立と展開』国書刊行会、2001。

田尻祐一郎『山崎暗斎の世界』ぺりかん社、2006。

佐久間正『徳川日本の思想形成と儒教』ぺりかん社、2007。

末木文美士『日本宗教史』岩波書店、2008。

玉悬博之『日本近世思想史研究』ぺりかん社、2008。

樋口浩造『「江戸」の批判的系譜学』ぺりかん社、2009。

ロバート・ベラー『徳川時代の宗教』池田昭訳、岩波書店、2010。

渡辺浩『日本政治思想史——十七—十九世紀』東京大学出版会、2010。

渡辺浩『近世日本社会と宋学』（増補版）東京大学出版会、2010。

下川玲子『朱子学的普遍と東アジア—日本・朝鮮・現代』ぺりかん
　　社、2011。

原克昭『中世日本紀論考——註釈の思想史』法蔵館、2012。

土田健次郎『江戸の朱子学』筑摩書房、2014。

三　论文

程梅花：《论朱熹"致中和"的方法论》，《中国哲学史》2003年第
　　2期。

董灏智：《日本古学派新诠与解构"四书"的道德论取向》，《外国问题
　　研究》2016年第1期。

龚颖：《林罗山理气论的思想特色》，《中国哲学史》2018年第4期。

龚咏梅：《试论近现代日本中国学与日本侵华政策的关系》，《湖南社会
　　科学》2001年第1期。

韩东育：《"化道为术"与日本哲学传统》，《哲学研究》2018年第11期。

韩东育：《日本"京学派"神道叙事中的朱子学》，《求是学刊》2006年

第 4 期。

韩东育：《日本对"他者"的处理模式与"第一哲学"缺失》，《哲学研究》2017 年第 6 期。

林月惠：《罗钦顺与日本朱子学》，《湖南大学学报》（社会科学版）2012 年第 1 期。

史少博：《论日本"神道"与中国思想的关系》，《理论月刊》2017 年第 2 期。

孙志鹏：《近代日本新儒家学派的中国认知——以宇野哲人〈中国文明记〉为中心》，《北方论丛》2013 年第 2 期。

王青：《朱子学在江户时代的一种"日本化"模式——以安东省庵为例》，《中国哲学史》2018 年第 4 期。

王玉强、陈景彦：《江户初期日本朱子学者的哲学自觉》，《学习与探索》2012 年第 6 期。

严绍璗：《儒学在日本近代文化运动中的意义（战前篇）》，《日本问题》1989 年第 2 期。

严绍璗：《中国儒学在日本近代"变异"的考察——追踪井上哲次郎、服部宇之吉、宇野哲人的"儒学观"：文化传递中"不正确理解"的个案解析》，《国际汉学》2012 年第 2 期。

〔日〕源了圆：《朱子学"理"的观念在日本的发展》，《哲学研究》1987 年第 12 期。

张捷：《简析山鹿素行的格物致知论》，《中国哲学史》2015 年第 1 期。

张捷：《简析山鹿素行对朱子心性论的批判》，《中国哲学史》2012 年第 1 期。

张捷：《山鹿素行对〈孟子〉人性论的诠释》，《哲学动态》2018 年第 9 期。

张崑将：《从"王道"到"皇道"的近代转折》，《外国问题研究》2017 年第 3 期。

朱理峰：《武士道与日本对外侵略扩张方针的确立》，《吉林师范大学学报》（人文社会科学版）2007 年第 1 期。

图书在版编目（CIP）数据

神儒习合：近世日本儒者"自我"的确立／孙传玲
著. —— 北京：社会科学文献出版社，2021.7
ISBN 978 - 7 - 5201 - 8625 - 4

Ⅰ.①神…　Ⅱ.①孙…　Ⅲ.①儒学－研究－日本－近
代　Ⅳ.①B313.4

中国版本图书馆 CIP 数据核字（2021）第 129351 号

神儒习合：近世日本儒者"自我"的确立

著　　者／孙传玲

出 版 人／王利民
责任编辑／邵璐璐

出　　版／社会科学文献出版社·历史学分社（010）59367256
　　　　　　地址：北京市北三环中路甲 29 号院华龙大厦　邮编：100029
　　　　　　网址：www.ssap.com.cn
发　　行／市场营销中心（010）59367081　59367083
印　　装／北京玺诚印务有限公司

规　　格／开　本：787mm×1092mm　1/16
　　　　　　印　张：13.25　字　数：209 千字
版　　次／2021 年 7 月第 1 版　2021 年 7 月第 1 次印刷
书　　号／ISBN 978 - 7 - 5201 - 8625 - 4
定　　价／89.00 元

本书如有印装质量问题，请与读者服务中心（010 - 59367028）联系

▲ 版权所有 翻印必究